學會自愛 人生無礙

72個簡單的生活習慣 x 10分鐘左右的閱讀時間

輕鬆成爲你最羨慕的人生勝利組！

赫曼．赫塞（20世紀德語文學傑出作家）：

有勇氣主宰自己命運的人才是英雄

養成幸福生活的好習慣×讓人會心一笑的小練習

一本書打造強運體質，讓你的人生快樂順遂，運氣滿分！

抱怨工作、與人爭執、對生活感到不滿……
這些普通又瑣碎的煩惱，是否絆住了你的腳步？
也許很多人會埋怨命運不公、老天爺看走眼，
但事實上，真正的幸福是要靠自己創造的。

周成功，安旻廷 著

目錄

序言

第一章　認清自己很重要

知道「自己是誰」，便什麼也不會失去……012
有時候，眼見不一定為憑……014
你的風度，決定你的影響力……016
有美夢，才能看到人生美景……018
專心朝著目標前進，人生才會完美……021
覺得自己很偉大，反而暴露自己的愚蠢……023
認清別人，更要認清你自己……026
既然已錯過，不如讓它隨風而去……029
空口說白話最無用，腳踏實地才是真……031

目錄

第二章　超越他人的關鍵

不努力就不會成功……036
不同的理想，成就不同的人生……038
勇於走出自己的路……041
凡事靠自己，不再被動……044
最笨拙的方法，有時最有效……047
勇於標新立異，才會脫穎而出……050
有捨才有得……052
沒有機會，就創造機會……054
仔細規劃，再行動才有奇效……058

第三章　不是因為你不夠努力，是方法不對

找對方向，事才能成……062
心中要有一份地圖，不迷茫……065
看到整座森林，而不只是一棵小樹……068
靠蠻力無法成事，用對方法更重要……070

不猶豫，要勇於承擔……072
有失必有得，放下是好事……075
機遇難得，把握機遇更難得……077
人生有無數個解，關鍵看選擇……079
找對方向，才不會整天瞎忙……082

第四章　如何扭轉命運

設計人生藍圖，別讓理想繼續沉睡……086
再往前跨一步，就是成功……088
不會退的人，不懂退的妙處……091
換個角度，在新思路中找出路……092
學會規劃時間……095
解開心中的結，會飛得更高……096
學會靈活應變……099
脫離舊軌道，打開新局面……101
機會常在生活中跟你玩躲貓貓……104

目錄

第五章　改變命運的內在

沒有目標，生命之船不會出航……108
決定好的事，就要做出個成績……111
只有改變自己，才能改變世界……114
許多事後悔無用，更無法回頭……118
積極主動，才能受機遇的青睞……120
沒有野心，肯定不會有成就……122
只有靜下來，幸福才會來……125
從知識到見識，從見識到膽識……127
希望和欲念，是最好的動力來源……130

第六章　改變命運的軌跡

外表是一時的，品格是永遠的……134
好人品是最高貴的財產……136
想要成功，果斷才會有結果……139
人生起點，可以不從基層開始……141

做人做事，學會剛柔並濟……142
放棄蠅頭小利，才能獲得更多……145
友善的態度比堅持己見更有力量……148
不顧大局，就會「出局」……151
問題和機遇總是結伴而來……153

第七章　小問題不容忽略

無論如何，都不要失去熱忱……158
要敢做敢當，但不靠蠻力解決……161
任性，會錯失成功的機會……164
每一次成功，都源自充分的準備……166
做事要分輕重緩急……168
捨小利，成大德……170
逍遙無憂的等待，將會自取滅亡……173
速成，其實是在繞遠路……176
權威者並非永遠正確……178

目錄

第八章　當樂活的命運主人

命運的主人是你自己……182
善始善終，踏實度過每一天……185
關鍵時刻勇於發聲，乃是自己人生的「真英雄」……187
知足常樂中，才是完美……190
卸下重負，才能向前行……193
寵辱不驚，閒看花開花落……195
拿得起放得下才是智者……197
機遇是最佳的支點，讓你撐起全世界……199
抓住時間就會得到財富……201

序言

從一出生開始，人就有太多的無奈，我們總不能想做什麼就做什麼，常常要聽從他人，他人也會對我們說：「是為你好。」

難道，我們就這樣受命運擺布了嗎？

不甘於命運驅使的人，才能戰勝命運帶來的折磨。我們有必要喊出自己的聲音，自己的命運要自己掌控。

其實，每個人都想成為命運的主人，然而，接二連三地打擊和波折，使人心灰意冷。他們認為所有的不愉快都是受命運所迫，他們把自己的命運託付給上天，託付給別人。豈不知，這樣活下去，不光很累，每天也備受別人的冷熱嘲諷。

曾經有一隻性格很倔強的小鷹，牠很小的時候就被養在了鴿籠裡。牠曾經向鴿子們吶喊：「我有一天要翱翔於藍天，我不是你們的同類，跟你們不一樣。」然而，鴿子們都笑了，嘲笑小鷹異想天開，嘲笑小鷹痴人說夢。

然而漸漸地，在環境的影響下，小鷹也開始認為自己是一隻特殊的鴿子。從此以後，牠和鴿子們打成一片。當牠長大之後，看到展翅的雄鷹，牠甚至不明白，為什麼雄鷹會和自己那麼像呢？

序言

很多時候，我們被身邊的人同化了，就會成為和他們一樣的人，變得更難以脫穎而出。你要知道，你永遠是獨一無二的，就算你有時候事事不盡如意。上天青睞那些飽受磨難的人，所謂「不經一番寒徹骨，焉得梅花撲鼻香。」而我們並沒有過多的渴望，只是不願意隨波逐流罷了。即便遭到別人的排擠，如果能夠「舉世混濁我獨清，眾人皆醉我獨醒」，那也是一個智者。

人不能夠太過於孤立，不然孤掌難鳴，只會被時代所遺棄。我們很難決定身邊有什麼樣的人，也很難能事事順心。很不幸地，我們被命運百般地捉弄，有眼淚，有痛苦，也有失敗，可這何嘗不是一種收穫呢？

我們要做一個生活的強者，把命運牢牢地掌握在自己的手掌之中。只要我們夠及時，命運自然拜服在我們的魄力之下。到那時，就是「一覽眾山小」了。

第一章

認清自己很重要

一個人認清自己很重要，不然你不知道你自己是做什麼的，談何改變命運？

知道「自己是誰」，便什麼也不會失去

「我是誰？」我們經常會問自己，卻很少有人能給出一個確切的答案。拿破崙・希爾認為：隨著科學技術的日益發展，我們不斷地了解著未知世界，可我們對自身的探索卻始終滯足不前。

正確地認識自己，才能認識整個世界，也才能接受世間的一切。我們經常企圖透過別人的評價來認識自己，可是，無論別人的推心置腹顯得多麼明智、多麼美好，從事物本身的性質來講，人自己應當是自己最好的知己。

一般情況下，陷入盲目的人，都是不了解自己的人。一個連自己都不了解的人，怎麼可能去認識別人，又怎麼可能去開創自己的人生格局呢？

有這樣一則寓言故事：

早晨，一隻山羊在柵欄外徘徊，想吃柵欄內的白菜，可是進不去。因為早晨的太陽是斜照的，所以山羊看到自己的影子變得很長很長。

「我如此高大，一定能吃到樹上的果子，不吃這白菜又有什麼關係呢？」牠對自己說。於是，山羊奔向遠處的一片果園。還沒到達果園，已是正午，太陽照在頭上。這時，山羊的影子變得很小很小。

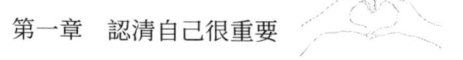

「唉，我這麼矮小，是吃不到樹上的果子的，還是回去吃白菜吧。」牠對自己說，「憑我這身材，鑽進柵欄是沒有問題的。」

於是山羊又往回去的路奔跑。跑到柵欄外時，太陽已經偏西，牠的影子又變得很長很長。此時山羊很驚訝：「我為什麼要回來呢？憑我這麼高大的個子，吃樹上的果子簡直是太容易了！」

山羊又折了回去，就這樣，直到黑夜來臨，山羊仍舊餓著肚子。

這則寓言故事看似可笑，卻為我們揭示了一個深刻的道理，不能正確認識自我是很多人失敗和痛苦的原因。

尼采曾經說過：「聰明的人只要能認識自己，便什麼也不會失去。」正確地認識自己，才能使自己充滿自信，才能使人生的航船不迷失方向。正確地認識自己，才能正確地確定人生的奮鬥目標。只有有了正確的人生目標，並充滿自信為之奮鬥終生，才能此生無憾，即使不成功，自己也會無怨無悔。

回望歷史，我們可以看到，人類的歷史其實就是不斷征服自然的歷史。當自然被人類「征服」得千瘡百孔，似乎地球上的萬事萬物都臣服在人類腳下的時候，人類這才發現，千瘡百孔的還有我們人類自己，人類其實始終臣服在自然的腳下。

有太多的悲劇來源於我們人類並不了解自己，不了解自己在宇宙中的地位。

小練習

在「正確認識自我」中最重要的一點，就是要認清自己的能力，知道自己適合做什麼，不適合做什麼，長處是什麼，短處是什麼，從而做到有自知之明，最後在社會中找到自己恰當的位置。寸有所長、尺有所短，只有找到自己的位置，並充分發揮自己的聰明才智挖掘自己的潛能，方能最大限度地實現自己的人生價值。

有時候，眼見不一定為憑

眼睛偶爾也會欺騙我們的心靈，有時事情的表面會與真相背道而馳，如果不假思索就對事情妄下結論，我們就永遠找不到真相，就會被真理拋棄。

兩個旅行中的天使來到一個富有的家庭借宿。這家人對祂們並不友好，並且拒絕讓祂們在舒適的客房裡過夜，而是在冰冷的地下室為祂們找了一個角落。當天使們鋪床時，較老的天使發現牆上有一個洞，就順手把它修補好了。年輕的天使問為什麼，老天使答道：「有些事並不像看上去的那樣。」第二晚，兩個天使又到了一個非常貧窮的農家借宿。主人夫婦對祂們非常熱情，把僅有的一點點食物拿出來款待客人，然後又讓出床鋪給兩個天使使用。第二天一早，兩個天使發現農夫和妻子在哭泣，詢問之下才得知，原來他們唯一的經濟來源乳牛死了。

年輕的天使非常憤怒，質問老天使為什麼會這樣：「第一個家庭什麼都有，祢還幫助他們修補牆壁；第二個家庭儘管如此貧窮卻還是熱情款待客人，而祢卻沒有阻止乳牛的死亡。」

「有些事並不像看上去的那樣。」老天使答道。「當我們在地下室過夜時，我從牆洞看到牆裡面堆滿了古代人藏於此的金塊。因為主人被貪欲所迷惑，不願意分享他的財富，所以，我把牆洞填上了。昨天晚上，死神來召喚農夫的妻子，我讓乳牛代替了她。」

年輕的天使就像一個涉世未深的年輕人，祂看不到隱藏在假象背後的真實。所以，不要以自己看到的表面現象來判斷事情的真假，否則你會做出錯誤的判斷。

「任何一個可信的道理都是真理的一種形象」，但只是一種形象而已，真理是在漫長發展的過程中被確立的。在這一過程中，其他感官只是用來收集資訊的，思想才是一種本質的跨越。所以，在做任何結論之前，我們都要動腦去認真思考。

小練習

真理混雜在假象裡，我們的眼睛、我們的心智，甚至我們道德上的缺失都會阻礙我們去敲響真理的門，從而對不了解的事，對尚未為人所知的領域作出錯誤的判斷。所以，不要太相信你的眼睛，要用你的頭腦去看清事情的真相，這是想成功的人必須具備的素養。事物本身並不影響人，人們只受對事物看法的影響。我們要用心去看清事情的真相，不經調查勿下結論，不經思考更不要做出判斷。

你的風度，決定你的影響力

生活裡通常會有這樣的情況，有些人可以毫不費力、輕而易舉地得到某個職位，而另一些人雖然可能更優秀、更有才能，但費了九牛二虎之力依舊徒勞無功。

這是為什麼呢？顯然，有影響力的人格是成功的關鍵。

一個人修養的高低對職業生涯是十分重要的，提高個人修養是一種長期行為，是一個人終其一生都要面對的問題。若想提高自己的風度和影響力，可以從以下兩個方面開始：

・多讀書

有句名言說得好：「書是人類最好的朋友。」讀書可以使人明心、醒腦、益智、養氣。明心指讀書可以開闊人的心胸，洗滌人的靈魂；醒腦指讀書可以拓寬人的思路，開闊人的視野；益智指讀書可以增長人的智力和才幹，養氣指讀書可以陶冶人的情操，提高人的自身修養和氣質。

首先，要多閱讀與自己所從事的工作相關的書，以養「才氣」。作為一個現代人，一定要有較高的才能、能力，才可適應工作環境，並勝任自己肩負的職責，這就需要靠多閱讀專業書籍來實現。

其次，要多讀文學藝術方面的書籍，以養「靈氣」。對待繁雜的工作和生活，要保持敏捷的思想、靈活的工作方法才不至於陷入呆板、機械式的教條中，為此，就需要多讀一些文學、藝術方面的書籍，提高自己的文學修養和影響力，增強自己的想像力、創造力。

．多實踐

多實踐就要多接觸社會，多向他人學習。俗話說「三人行，必有我師焉」，要從人群中汲取智慧與經驗。多實踐還要多思考問題，多思考有利於人們不斷發現自己的缺點、短處，克服因取得一定成績而滋生的自滿，保持自己的進取心和影響力。

小練習

很多人非常敬佩那些誠實、正直、勇敢的人，他們自己卻很少要求自己這樣做。一個人的人品是非常重要的，也是其他東西無法代替的。金錢、財富、地位、權力都無法彌補一個人人格上的缺陷。一個人不論多富有，也不論他有多大的權力，如果在他的人品中找不到誠實與正直，那麼他就永遠不可能成為一個真正的成功者。當人們提到他的名字時，即使有羨慕之心，也不會有敬佩之情。

有美夢，才能看到人生美景

聰明的成功者，不是根據別人的夢想來制定自己衝破人生難關的方案，而是透過自己的思考，去找到適合自己的夢想，這樣才能達到目的。

或許你不想創業，寧可為一家大公司，或是一個還算不錯的小企業工作；或許你想成為作家、醫生，或是從政、從軍，做一名警員或消防員等。不管你打算創業，展示你的智謀和體魄，還是替政府或私人機構工作，你都有機會作為一個成功的事業家、企業家來大展拳腳。不論你的夢想是什麼，只要你能及時抓住適合你的夢想，你就會獲得成功。那麼，如何才能抓住適合自己的夢想呢？

首先，你必須信任自己，這是非常重要的。其次，你需要一位良師益友的指導。有了這兩項，你就可以準備出發了。現在就設定一套完整的計畫，致力完成它吧！無論你做得怎麼樣，不要被周圍影響，不要被「你做不了任何事的！」或「在這個不景氣的年代，你就算去做什麼都不會成功的！」等負面聲音所左右，應專注於實踐你的美夢。

無論你選擇何種事業，先要確定你有充足的資源支撐你度過初創時的艱辛和低收入的日子。正如《聖經・新約》上所說的，在你開始　項計畫時，先衡量得失。也許，這種衡量得失的過程，就是靠大腦尋找適合自己夢想的過程，並從中發現衝破人生難點的契機。

你可以規劃任何創業的夢想，但夢想必須要明確。你想擁有什麼樣的事業？你如何規劃你的人生？你想從事何種職業？

不要擔心，假如你有個夢想，即使僅是稍具雛形，大膽去做吧！如果你還沒有夢想或不怎麼確定，這裡有幾個問題可以幫助你做決定。

假如你能選擇世上任何一份職業，那是什麼職業呢？先不要在意別人的看法，即使是你的家人、朋友或配偶對你有某種期望，但你自己真正的期望又是什麼呢？相信自己的直覺，豐富自己的夢想，重拾讓你對未來有希望的夢想。

法國哲學家帕斯卡曾說：「心靈具備某種連理智都無法解釋的道理。」不要去聽信阻礙你發揮潛力的聲音，讓你的心靈做主宰，去聽聽那些會讓你編織偉大夢想的聲音，然後大膽地跟隨夢想前進。

小練習

有夢想是一回事，能否去實現它則是另一回事。正如海倫・凱勒，雖然她渴望開車，但身體條件不允許，因失明使她喪失許多機會。任何事都做到量力而為，若是真的無法達成，也不可以過度執著。假如數學對你來說非常困難，那你也的確沒有機會成為數學家；假如你已經五六十歲了，依照身體狀況的確無法在職籃闖出一番天下；假如你看到血就會暈倒的話，也無法成為醫護人員。如果夢想行不通的話，最好另做打算。

專心朝著目標前進，人生才會完美

每一個人都要有自己的自我定位，但是在現實生活中，很多人並沒有意識到這一點，他們往往忽略了定位的重要性。為什麼會這樣呢？因為定位常常深深地埋藏在我們的潛意識裡。你是否有過這樣的體驗，為了實現目標，自己付出了極大的努力，但是收穫到的卻非常少。內在的原因就是我們潛意識中的自我定位與我們的目標是背離的，這種不相符極大地削弱和降低了我們所付出的努力。

有一個三十歲的律師，在他的律師職業生涯中，他並沒有做出很好的成績。經過一段時間的自我反省，他發現，其實在他的內心深處，他一直把自己當成服務生。因為在大學期間，他曾經半工半讀，在校外的餐廳做過兩年服務生。於是，當這名律師用「職業律師」替換了「服務生」的定位後，他的工作很快就有了明顯進步。

或是有一位某廣告公司駐美國媒體代表，當她剛被公司派往美國時，為了結識一些新客戶，她十分渴望加入一家高級網球俱樂部。然而，她潛意識中的一些消極想法使她一開始並沒能如願。她心中總是想著：「我的網球水準一般，我的閒暇時間不多，沒有人會願意和我打網球……」實際上，這些負面想法只是藉口。當這位代表逐漸發現是她潛藏的自我定位影響了自己，也就是一名剛剛進入職場兩年的普通女孩，參加一個富豪雲集的俱樂部顯然是不合時宜的。好在，她及時調整了自己的心態，更換了自我定位——變成一名敢闖敢拚的職業女性。有了這種定位，她如願以償地加入了網球俱樂部，並且結識了不少俱樂部裡的會員，有的成為了她的客戶，有的則成為了她很好的朋友。

兩位人物的自我定位為他們的工作和生活帶來了困惑，而有人卻因為對自己過低的自我定位而影響到了人際關係。小美是一位二十六歲的女性，從小生活在單親家庭中的她，形成了孤僻、敏感的性格。她和同事的關係不是很好，但其實她很希望與周圍的同事建立和諧的關係，但糟糕的現狀使她認定自己是一個不討人喜歡的女人。於是小美決定重新定位自己，她每天都告訴自己：「我是一個美麗、聰明、自信的女性」。重新定位後的小美，不久就與她的同事建立了良好的人際關係，並且憑藉自己的才華，還成為了公司的重要職員。

無數的事例告訴我們，當一個錯誤的、過時的自我定位在你內心潛藏的時候，會影響你走向成功。及時更新你的定位，使它與你的奮鬥目標相一致，是決定你人生走向的關鍵因素。

小練習

如果你將自己定位為一名基層員工，那麼你的潛意識就會阻止你成為一名領導者，因為它不符合你的內心定位。如果你認為自己是一個「不討人喜歡的人」，那麼當有人對你說「你很可愛」的時候，你會認為他在說謊或者在諷刺你，而將那人拒於千里之外。如果你將自己定位於「窮人」，結果也可想而知，那將會不自覺地削弱你的賺錢動機和能力，讓你錯失良機。

覺得自己很偉大，反而暴露自己的愚蠢

有時我們的煩惱正是來自於我們那顆狂妄自大的心。有些人其實是典型的外強中乾，他們的固執恰恰證明了他們並不是真正的強者，正因為心虛，所以他們才不願服輸。

有一位將軍在大軍撤退時總是斷後，回到城市後，人們都稱讚他很勇敢，他卻說：「並非我勇敢，是馬跑太慢。」將軍把自己斷後的勇敢行為說成是由於馬走得太慢。其實，在人們心目中，「馬走得太慢」不會折損將軍的英雄形象。

那些深知做人之道的人，大多是在社會群體中能夠擺正自己位置的人，而把自己看得比別人高人一等的人，一定是世界上最愚蠢的人。

實際上，人們尊敬的是那些腳踏實地的人，而不是自吹自擂的炫耀者。其實，愈偉大的人愈是待人謙卑，人們也愈會敬重他。

有一天，在美國紐約的一個髒亂的候車室裡，靠門的座位上坐著一個滿臉疲憊的老人，背上的塵土及鞋子上的污泥表明他走了很長的路。列車進站，開始驗票，老人不緊不慢地站起來，準備往票口走。忽然，從候車室外走進一個胖太太，她提著一個很大的箱子，顯然也要趕這班列車，可箱子太重，她累得氣喘吁吁。胖太太看到了那個老人，朝他大喊：「喂，老頭，你幫我提一下箱子，我等一下給你小費。」於是那個老人提起箱子就和胖太太朝票口走去。

他們剛驗票上車，火車就開動了。胖太太擦了一把汗，感激地說：「多虧了你，不然我就會趕不上了。」說著，她掏出一美元遞給那個老人，老人微笑著接過。這時，列車長走了過來：「洛克斐勒先生，請問我能為您做點什麼嗎？」

「謝謝，不用了，我只是剛剛做了一個為期三天的徒步旅行，現在我要回紐約總部。」老人客氣地回答。

「什麼？洛克斐勒？」胖太太驚叫了起來：「天啊！我竟然讓石油大王洛克斐勒先生幫

我提箱子，還給了他一美元小費，我這是在幹什麼啊？」她連忙向洛克斐勒道歉，並請洛克斐勒把那一美元小費還給她。

「太太，妳不必道歉，妳根本沒有做錯什麼。」洛克斐勒微笑著說道：「這一美元是我賺的，所以我收下了。」說著，洛克斐勒把那一美元放進了口袋裡。

真正的大人物是擁有人生智慧的人，是那種成就了不平凡的事業卻仍然像平凡人一樣生活著的人。他們從來都是虛懷若谷的，他們不會因為自己家財萬貫而盛氣凌人，他們從來不會見人就喋喋不休地訴說自己是如何成功，他們也從不痛恨自己周圍的人是「居心叵測之人」，他們「不以物喜，不以己悲」，平和地做著自己該做的事情。

小練習

一個人太自負，就很容易陷入一種莫名其妙的自我陶醉之中。他們頭腦容易發熱，往往充滿夢想，只相信自己的智慧和能力，堅信只有自己才是正確的，他們從來不接受別人的意見和勸告，認為採納了別人的意見就等於是對自己的否定和貶低。這樣的人反而永遠也得不到人們對他的理解和尊重。

認清別人，更要認清你自己

尼采曾經說過：「聰明的人只要能認識自己，便什麼也不會失去。」正確認識自己，才能充滿自信，才能使人生的航船不迷失方向。正確地為自己定位，才能正確地確定人生的奮鬥目標。有了正確的人生目標，自己才會變得更加卓越。

禪院裡來了一個小和尚，他年紀輕輕，但是聰明勤快。他希望能夠盡快有所覺悟，於是常常去找禪師，誠懇地向禪師請教：「師父，我剛來到禪院，不知道應該做些什麼才能更快有所領悟，請師父指點一二。」

禪師看到他誠懇的態度，微笑著說：「既然你剛剛來這裡，一定還不熟悉禪院裡的師父和師兄們，你先去認識一下他們吧。」

小和尚聽從了禪師的指教，在接下來的幾日裡除了日常的勞作以及參禪，都積極地去結識其他的僧人們。幾天之後，他又找到禪師，說：「師父，禪院裡的其他禪師和師兄們我都已經認識過了，接下來呢？」

禪師看了他一眼，說：「後院菜園裡的師兄你見過了嗎？」

小和尚默默地低下了頭。

禪師說：「還是有遺漏啊，再去認識、了解他們吧！」

又過了幾天，小和尚再次來見禪師，充滿信心地說：「師父，這次我終於把禪院裡的僧人全都認識完了，請您教我一些其他的事情吧！」

禪師走到小和尚身邊，氣定神閒地說：「還有一個人你沒有認識，而且這個人對你來說，特別重要！」

小和尚帶著疑惑走出禪師的禪房，一個人一個人地去詢問，一間房一間房地去找那個對自己很重要的人，可是始終沒有找到。甚至在深夜裡，他也一個人躺在床上思考，到底這個人是誰呢？

過了很久，小和尚始終找不到對自己很重要的那個人，但是也不敢再去問禪師。一天下午打坐完後，他準備做飯，裝水的時候正好有一口井，在水面上他突然看見了自己的身影。他頓時明白了禪師讓他尋找的那個人，原來就是自己！

有個人，離自己很近也很遠，很容易想起也很容易忘記，這個人就是自己。其實很多人都像這個小和尚一樣，好奇地打量著外部的世界，積極地探索著這個世界中的未知，但是卻忽視了自己，連自己都沒有真正認識的人如何去了解這個世界呢？

黎巴嫩作家紀伯倫曾講了一隻狐狸覓食的故事。狐狸欣賞著自己在晨光中的身影，說：「今天我要用一隻駱駝做午餐！」整個上午，牠不斷奔波著尋找駱駝。但當正午的太陽照在頭頂時，牠再次看了一眼自己的身影，於是說：「一隻老鼠也就夠了。」狐狸之所以犯了兩次截然不同的錯誤，與牠選擇「晨曦」和「正午的陽光」作為鏡子有關。晨光不負責任地拉長了狐狸的身影，使牠錯誤地認為自己就是萬獸之王，並且力大無窮無所不能，而正午的陽光又讓狐狸對著自己縮小的身影忍不住自我否定。

不能完整認識自己的人，千萬別忘記了上帝為我們準備了另外一面鏡子，這面鏡子就是「反躬自省」四個字，它可以映射出落在心靈上的塵埃，提醒我們「時時擦拭」，使我們認識真實的自己。

小練習

正確認識自己，既要看到自己的長處，也要認識到自己的不足，為自己正確定位，這樣才能自信地去迎接機遇和挑戰，為自己創造更多的成功和歡樂。在現實生活中，只有認清了自己，知道了自己有什麼缺點需要改正，有什麼優點需要保持，才能在由知轉行的過程中走得更穩。

既然已錯過，不如讓它隨風而去

「林花謝了春紅，太匆匆。」人生中，我們錯過了很多人，很多事，很多的美景。早晨，窩在被窩裡睡懶覺，錯過了朝陽；黃昏，忙碌了一天的眼睛，忘記了去看看那遠在天邊近在眼前的日紅西斜。無數的錯過讓自己失去了很多極美麗、極珍貴的東西。這時，我們總會因為錯過美好而感到遺憾和痛苦。其實，錯過或許也會為你帶來意想不到的收穫。

有一年，美國的哈佛大學要招收一名學生，這名學生的所有費用由美國政府全額提供。初試結束了，有三十名學生成為候選人。

考試結束後的第十天，是面試的日子。三十名學生及其家長雲集在飯店等待面試。當主考官出現在飯店的大廳時，一下子被大家圍了起來。學生們用流利的英語向他問候，有的甚至還迫不及待地向他作自我介紹。這時，一名學生因起身晚了一步，沒來得及圍上去，等他想接近主考官時，主考官的周圍已經是水洩不通了。

這名學生錯過了接近主考官的大好時機。這時，他看見一個異國女人有些落寞地站在大廳一角，目光茫然地望著窗外，他想，機會已然錯過，身在異國的她不知道是不是遇到了什麼麻煩，或許自己還能幫上忙。於是這名學生走過去，彬彬有禮地和她打招呼，然後向她做了自我介紹，最後問道：「夫人，您有什麼需要我幫忙的嗎？」接下來兩個人聊得非常投機。

後來這名學生被主考官選中了，在候選人中，他的成績並不是最好的，但是這名學生卻「無心插柳柳成蔭」，原來，那位異國女子正是主考官的夫人。

錯過了溫暖的太陽，收穫的並不一定是遺憾，等待你的也可能是燦爛的星光。不要為錯過而惋惜，失去常常會帶給你意想不到的收穫。放下已經錯過的東西是一種境界，應該「要眠即眠，要坐即坐」。如果一個人百般計較，自然談不上是真正的放下，又如何會有覺悟呢？

放下是一種覺悟。人生每一個岔口的選擇其實沒有真正的好與壞，只要把人生看成是自己獨一無二的創作，就不會頻頻回首。人生只售單程票，過去的就過去了，更重要的是走好後面的路。生活中原本是有許多快樂的，何必去糾結那些已經過去的閒愁思緒。

兩千多年前，蘇格拉底站在熙熙攘攘的雅典市集上嘆道：「這裡有多少東西是我不需要的！同樣，在我們的生活中，也有很多並不重要的事情，可是我們就是捨不得將其放下。面對已經嚴重超載的心靈，面對已被太多的情緒與欲望壓得喘不過氣的生活，我們應當學會放下，讓自己遠離繁雜的情緒。」

收拾一下自己的心情，繼續走吧。放下那些已經錯過的東西，輕裝才能走得更遠。捨不得放下，只能讓和生命休戚相關的美麗像沙子一樣從指縫間溜走。

小練習

生活本身即是一種相對論：一方面，它讓我們選擇生活的饋贈，另一方面，又注定了我們對這些禮物最終要放下。學會放下，你才能獲得更多。太多的不快是因為我們總想獲取卻懼怕失去，並為失去東西鬱悶不開心。你只有完全沉浸於現在，才可得到一種美好的享受，不必去考慮已過去的時日和還未到來的將來。把重心放在過去或者他人身上，會失去自我的愉悅。

空口說白話最無用，腳踏實地才是真

在現實生活中，一些看似躊躇滿志的人，常常會把「我將來能夠怎麼樣」，「假如是我，我會做到怎麼怎麼樣」這樣的話語掛在嘴邊，侃侃而談的時候，即使說大話的時候也能夠熱血沸騰，卻始終未能完成過幾件事情。腳踏實地，少談空話，多做事才是成功的必要條件，侃侃而談只會一事無成。

一天夜裡，有一群強盜闖入了農夫的家裡。他們抓住農夫，強迫他交出一件值錢的東西，否則就要了他的命。農夫家的鸚鵡心想，農夫最喜歡我了，所以肯定會把我留下來。

讓人意外的是，農夫留下了老牛，把鸚鵡交給了強盜。

鸚鵡覺得不服，質問農夫為什麼要這麼做。農夫說：「沒有你的話，我只是少聽一些漂亮話而已，並沒有什麼大不了的。但是，如果沒有牛來耕田的話，我就會挨餓。這是最簡單的道理。」

我們經常會在現實生活中遇到一些言語上能誇大其詞、做起事情來卻十分糊塗的人。也許，在言語上他們會給人很深刻的印象，但是別忘了，只有腳踏實地，多做實事才是成功的必要因素。

在不得不面對現實、需要認真做事的時候，許多人內心的激情和理想都會變成無可奈何，一旦面對具體問題，平日裡的高談闊論也會變成不知所措。一味設想而不去落實的空談，只會成為華而不實的空中樓閣，這時再完美的戰略、再滴水不漏的計畫、再絕妙的招數亦是無事於補。

曾經有一個轟動事件。一家園藝所願意以高額的獎金徵求純白的金盞花，豐厚的獎賞令許多人躍躍欲試。但是，在自然界中，只存在金色或者棕色的金盞花，培植出白色的花朵並非一件容易的事情。所以，在引起了大量的社會關注和許多人的趨之若鶩後，這件事就漸漸被人們淡忘了。

時光飛逝，二十年後的一天，那家園藝所收到了一粒純白金盞花的種子，隨之而來的還有一封熱情的應徵信。當天，這件事情就迅速地傳開了，引起了巨大的轟動。

種子的培育者是一個古稀之年的老人，二十年前，她偶然看到園藝所的徵求啟事，便心動了。作為一個喜好園藝的人，不管八個兒女怎麼反對，她都不顧一切地堅持下來。她撒下一些普通的種子，精心地培育了一年，金盞花開放之後，她把顏色最淡的花朵從那些金色、棕色的金盞花中挑選出來，等到其自然枯萎後，就得到了這批裡面最好的種子，第二年的時候重新又種下去。如此往復，不斷從這些花中挑選出顏色更淡的種子培育……

隨著時間的流逝，經年累月之後，終於在二十年後的一天，她在花園中看到了夢寐以求的白色金盞花，它並非近乎白色，而是如雪的純白。這個連專家都無法解決的問題，在一個沒有接受過遺傳學教育的老人的長期努力和恆久堅持下，最終解決了。

腳踏實地，少談空話，多做事才是成功的必要條件，只顧著空談則會一事無成。生活中，獲得成功的人往往不是那些誇大其詞的人，也不是滿腹空想、終日幻想的人，而是真正能夠腳踏實地去把設想變成實踐的人。紙上談兵永遠只是空話，是無法達到目標的，深陷於虛無的幻想中是沒有前途的。專注於當前的職業和工作，一步一個腳印地埋頭苦幹，把這些工作盡可能做到細緻完美，才能夠獲得培育成功之花的土壤，真正地從尋常邁向非凡。

小練習

肯做實事，落到實處才是做成一件事情的關鍵，只談空話、只喊口號是行不通的。在任何事情上，都要正確處理「空談」和「落實」的辯證關係，做到腳踏實地、言行一致、說到做到，這樣才能夠成功。這就需要我們投入更多的時間、精力和智慧，去思考、研究那些能夠切合工作實際的好辦法、好計策。只有實踐，真正落實了計畫的各個環節，肯下苦工，才能夠達成目標。

第二章
超越他人的關鍵

每個人都有自己的命運，不同人的命運都是不同的。你要想從中出類拔萃，還真的需要一番工夫。

不努力就不會成功

天下沒有免費的午餐，更沒有不勞而獲的成果。機會對於每個人都是公平的，能不能抓得住，就看你努力爭取沒有。不要做不現實的夢，不要講不現實的話，找到目標，踏踏實實地走好每一步。

有一個成功應聘的案例。微軟公司的面試通知，像一縷陽光照亮了學生愛德華焦急又期待的心。

面試那天，愛德華精心地打扮了一番，又換了一條新領帶。上午十點鐘，他走進了人力資源部。等祕書小姐向經理通報後，愛德華靜了靜心，提著手提包來到經理辦公室門前，輕輕地敲了兩下門。「是愛德華先生嗎？」屋裡傳出詢問聲。

「經理先生，你好！我是愛德華。」愛德華慢慢地推開門。

「抱歉，愛德華先生，你能再敲一次門嗎？」端坐在沙發轉椅上的經理悠閒地注視著愛德華，表情有些冷淡。

經理先生的話雖令愛德華有些疑惑，但他並未多想，關上門，重新敲了兩下，然後推門走進去。

「不，愛德華先生，這次沒有第一次好，你能再來一次嗎？」經理示意他出去再來。

愛德華重新敲門，又一次踏進房間。

「先生，這樣可以嗎？」

「這樣說話不好——」

愛德華又一次在敲門之後走進去：「我是愛德華，見到你很高興，經理先生。」

「請別這樣。」經理依然淡淡地說：「再來一次。」

愛德華又做了一次嘗試：「抱歉，打擾你工作了。」

「這次差不多了，如果你能再來一次會更好，你能再試一次嗎？」

當愛德華第十次重來時，他內心的喜悅和憧憬已消失殆盡，開始有些惱火，對方分明是在刁難。愛德華生氣地轉身離開，可剛走幾步又停了下來。他想起了學校裡教授的諄諄教誨，他決定再試一次。

於是，愛德華舒了一口氣，第十一次敲響了門。這次，他得到的不是難堪，而是熱烈歡迎的掌聲。愛德華沒有想到，第十一次敲門，竟是一扇成功之門。

「行百里者半九十」，最後的那段路，往往有一道難以跨越的門檻。在我們歷盡艱辛、心力交瘁的時候，即使一個小小的變故或者障礙都有可能把我們擊倒，而這個時候，勝利往往來自於堅持不懈的努力。

小練習

只有努力工作的人，才有可能取得優異的成果，才會得到賞識進而被委以重任，物質報酬也自然會增多，也會因此贏得更多的社會尊重，成功之門就會自然敞開了。因此只有珍惜工作、努力工作的人才能真正體會到工作就是每個人真正精彩的人生舞臺，並且只有這樣，命運才能被牢牢地掌握在自己手中，才能造就美好的人生。

不同的理想，成就不同的人生

人生的道路是曲折坎坷的，我們有過成功，也有過失敗；有過快樂，也有過痛苦；經受過狂風暴雨的摧殘，但也享受過豔陽高照的沐浴。所有這些在經過沉澱以後都會變成一筆財富。有了這筆財富，有了一顆追求卓越的心，我們的人生隨時都可以重新開始，我們隨時都可以追求新的目標和理想。

有一天，上帝造了三個人。祂問第一個人：「到了人世間，你準備怎樣度過自己的一生？」第一個人回答說：「我要充分利用生命去創造。」

上帝又問第二個人：「到了人世間，你準備怎樣度過自己的一生？」第二個人回答說：

「我要充分利用生命去享受。」

上帝又問第三個人：「到了人世間，你準備怎樣度過自己的一生？」第三個人回答說：

「我既要創造人生，又要享受人生。」

第一個人來到人世間，表現出了不平常的奉獻精神。他為許多人做出了貢獻。對自己幫助過的人，他從無所求。他為真理而奮鬥，屢遭誤解也毫無怨言。

慢慢的，被上帝造出來的第一個人，成了德高望重的人，他的善行被廣為傳頌，被人們默默敬仰。他離開人間時，人們從四面八方趕來為他送行。直至若干年後，他還一直被人們深深地懷念著。

第二個人來到人世間，表現出了不平常的占有欲和破壞欲。為了達到目的，他不擇手段，甚至無惡不作。慢慢的，他擁有了無數的財富，生活奢華，一擲千金，妻妾成群。

但他也因作惡太多而得到了應有的懲罰。正義之劍把他驅出人間的時候，他得到的是鄙視和唾罵，被人們深深地痛恨著。

第三個人來到人世間，沒有任何不平常的表現。他建立了自己的家庭，過著忙碌而充實的生活。數百年過去後，沒有人記得他的存在。

人類為第一個人打了一百分，為第二個人打了零分，為第三個人打了五十分。生活中真正的天才與白痴都是極少數，絕大多數人的智力都相差不多。但是，在走過漫長的人生之路後，有的人死得重於泰山，有的人死得輕於鴻毛。

根本差別不在於天賦，不在於機遇，而在於心中的追求。

相信你曾經一定看過那些走在崎嶇路上的人們，因為不敢或捨不得放棄而越陷越深，或許你本身就有這樣的煎熬。為什麼明明知道已經錯了，還要繼續錯下去，或是已經深陷痛苦之中，卻仍然不願逃離出來呢？因為害怕，誰都害怕重新開始，誰也不想放棄前面付出的心力。

理想是和人生奮鬥目標相聯繫，並有實現可能的想像，是力量的源泉，是人的精神支柱。

如果沒有理想，歲月的流逝只意味著年齡的增長。理想就是人的追求，什麼樣的理想將決定你成為什麼樣的人。

仔細想想自己的專長和嗜好，如果說自己一無是處，那是胡說八道。當然，我們沒有莫札特的天才，極少數人能像他一樣琴藝精湛，你很可能無法像簡・奧斯汀一樣寫暢銷書，但是只要你及時抓住適合自己的夢想，你就絕不會一事無成。

小練習

我們都要弄明白如何去選擇，儘管有時內心充滿著不捨。但換個角度想，明知這條路不適合自己，再走下去結果也是枉然，何不立即放棄重新開始呢？不要因為惰性而越陷越深，也不要因為害怕而無法自拔。人生沒有年齡限制，更沒有性別區分，只要你有決心和信心追求新的目標和理想，即使到了八十八歲也不遲。

勇於走出自己的路

「平坦的大道」是大家都想走的、大家正在走的路。但在那樣的大路上跟著別人亦步亦趨，只知道步別人的後塵，絕不能開拓出新的事業。因為你做的事，別人也在做，很難期待獲得出色的成果。實際上，那些沒人敢走的泥濘之路，行走雖然艱苦，但卻通向光明燦爛的未來。

一個年輕人乘坐火車路過了一片荒無人煙的山野。由於旅途困乏，他百無聊賴地望著窗外，不知道該做點什麼。這時，火車減速，一座農房慢慢進入了人們的視野。

這本是一間普通的平房，可因為它出現在人們神經極度困乏的時候，所以，幾乎所有的乘客都睜大眼睛仔細地欣賞這個特別風景。看著這樣的情景，這個年輕人的心為之一動。於是，他中途下了車，找到了那座房子的主人。年輕人向房子的主人表達了想要買下這所房子的意願，房主聽了，非常高興。因為房子門前每天都要駛過很多火車，噪音實在使他們受不了，他們一直以來就想賣掉這所令人煩惱的房子，現在居然有人願意購買，實在感到喜出望外。結果，這個年輕人僅用三萬元就買下了那間平房。

年輕人買下房子並不是為了居住，他覺得這座房子正好處在拐彎處，火車經過這裡都會減速，所以他就突發奇想，打算拿這座房屋專門做廣告牆。於是，他開始和一些大公司聯繫，甚至也有可口可樂的公司，用十八萬的租金跟他簽下了三年合同。

一個普通的房子，因為年輕人的創意成為了跨國公司的廣告牆，為年輕人帶來了源源不斷的收入。而那些與年輕人同車的旅客，習慣了固有的思維方式，看到的只是事物的表像，所以財富與他們總是擦肩而過。

這個年輕人敢於走別人沒有走過的路，他不以現狀，而是以未來去看待事物的發展方向，努力去實踐心中的大膽創意，並一步步邁向成功。

洛克斐勒說過：「遇到困難和問題，我們應該學會改變思路，思路一轉變，原來那些難以解決的困難和問題，就會迎刃而解了。」

一個湖中鱷魚到處都是，各個虎視眈眈。岸上的動物不敢貿然靠近，但又無法忍耐口渴的折磨。可地方很小，要想生存，必須敢冒風險。最先冒險的是斑馬，當一隻前進時，許多斑馬會陸續跟進，但很快有兩隻被鱷魚拖進水裡成為了犧牲品。

生與死的較量、進攻與脫險的遊戲在一遍遍上演。雖然許多動物不幸陷於鱷魚之口，但口渴難耐的「悲壯者」仍舊選擇鋌而走險。

這時猴子和黑猩猩的舉動卻顯得異常，牠們在岸上不斷地奮戰，挖掘著一個個「洞穴」。原來，猴子探索出一條引水的巧妙方法——就在離湖不遠的低窪處，牠們挖出一個個洞穴，當洞底低於湖水面的時候，湖水會從地下滲透過來，這足以讓它們活下去。

任何事都不是一成不變的，用寬廣的眼光去看待一切，你才會獲得新生。盲目跟隨，那樣將永遠落於人後，永遠呼吸不到新鮮的空氣。陽光底下沒有新鮮事，排列組合就是創新。不走尋常路，關鍵在於我們能否學會發現，學會用變化的眼光和手段創造性地解決問題。要做他人不想做的，做他人不曾想的，這才是成功之道。

面對別人的成功，我們多多少少有點羨慕。然而成功就像一條路，這條路上遍地是花花草草，但只缺少奇花異木，所以我們並不需要效仿別人，如能獨創一格，勇於實踐，走別人沒有走過的路，那便能使成功之路異常繽紛。

小練習

人要靠自己活著，而且必須靠自己活著。在人生的不同階段，都應竭盡全力達到理應達到的自立水準，擁有與之相適應的自立精神。這是當代人立足社會的基礎，也是形成自身「生存系統」的基石。缺乏自立能力的人，連自己都管不了，還能談發展或成功嗎？走別人沒有走過的路，那便能使成功之路更加繽紛。

凡事靠自己，不再被動

在每個人的成長道路上，想要獲得成熟的心智，必須勇於突破自我界限。很多人一生都未實現這種突破，他們貌似成人，有時也小有成就，但直到壽終正寢的時候，其心理仍遠未成熟，甚至從未擺脫對父母的依賴，從未獲得真正的獨立。特別是當父母都離他們而去，他們對生活更表現出無所適從。

美國勵志心理醫生摩根・斯科特・派克在其心理勵志著作《少有人走的路》中曾這樣描述他自我突破的一次體驗：

十三歲時，我在離家很遠的中學就讀，這是一所很有名氣的男子中學（我的哥哥也在這所學校裡上學），也是公認的明星中學。學校畢業生大多都會考入常春藤名校，畢業後如願步入社會精英階層。擁有這所明星中學的教育背景，人生之路可謂光明。我的家境還算富裕，父母有財力讓我接受最好的教育，這使我充滿了安全感。奇怪的是，我剛進入中學，就覺得與那裡格格不入。

在三年級春假，我一回到家，就鄭重地向父母宣布一個消息，「我不打算再回那所學校了。」父母聽聞感到非常不諒解，父親更說：「你不能半途而廢。我為你花了那麼多錢，讓你接受那麼好的教育，你不明白放棄的是什麼嗎？」

「我也知道，那是一所好學校。」我回答說，「可是，我不打算回去了。」

「你為什麼不想辦法去適應它呢？為什麼不再試一次呢？」我的父母問。

「我不知道，」我沮喪地說，「我也不知道為什麼討厭它。只知道，我再也無法忍受下去。」

「既然這樣，那你告訴我們，你到底打算怎麼辦？你好像沒把將來當一回事。你有什麼樣的計畫呢？」

我依舊沮喪地說：「我不知道，反正我再也不想去上學了。」

父母大為驚慌，只好帶我去看心理醫生。醫生說我患了輕度憂鬱症，建議我住院治療一個月。父母給了我一天時間，讓我自行做出決定。

那天晚上，我痛苦不堪，第一次有了輕生的念頭。既然醫生說我患有輕度憂鬱症，那麼住進精神病院，就似乎是合情合理的事。我哥哥在那所學校很適應，為什麼我卻不行呢？我清楚我無法適應學校，完全是我自己的責任，我頓時覺得自己很幼稚。更糟糕的是，我覺得自己和瘋子沒有兩樣。父親也說過，只有瘋子才會放棄這麼好的教育機會。回到中學，就是回到安全、正常的環境，回到被社會認可、對個人前途有益無害的王國。可是，我的內心告訴我，那不是適合我的道路。就眼下看來，我的未來非常迷茫，充滿了不確定的因素。放棄上學，勢必會為我帶來意想不到的壓力，我該怎麼辦呢？我執意離開理想的教育環境，是不是果真精神失常了呢？我感到害怕。

就在沮喪的時刻，彷彿神諭一般，我聽到一種聲音，一種來自潛意識深處的聲音：「人生唯一的安全感，來自於充分體驗人生的不安全感。」這聲音給了我莫大的啟示，儘管我的想法和行為與社會公認的規範不相吻合，甚至使我看上去像個瘋子，但我應該選擇自己的路，於是，我終於安然睡去。

第二天一早，我就去見醫生，告訴他我決定不再回中學，我希望能住進精神病院接受治療。就這樣，我為了自身的健康，選擇了一條截然不同的道路。過了幾年後，我的身心狀況終於穩定下來，得以重返學校。

在生活中，每天都要經歷不同的變化，不同的人、不同的事件、不同的感覺，對於心靈而言，這都是極好的滋養。心智的成熟不可能一蹴而就，需要經歷各種小步跳躍，偶爾也會出現意想不到的進步。

小練習

心理成長的過程極為緩慢，有時又極其隱蔽，除了大步跳躍以外，還包括進入未知天地的無數次小規模跨越。即使是心理最健康的孩子，他們初次步入成人世界，除了興奮和激動，想必也不乏遲疑和膽怯。他們不時想回到熟悉、安全的環境中，想做回當初那個凡事依賴別人的嬰孩。成年人也會經歷類似的矛盾心理，年齡越大，越難以擺脫久已熟悉的事物。

最笨拙的方法，有時最有效

常言道：「最危險的地方往往最安全。」同樣的道理，最笨的做法也通常最有效。

明朝年間，朱元璋手下的郭德成就是用一種最笨的做法達到了自己的目的。當時的郭德成任驍騎指揮。有一天，他應召到宮中，臨出來時，明太祖拿出兩份黃金塞到他的袖中，並對他說：「回去以後不要告訴別人。」面對皇上的恩寵，郭德成恭敬地連連謝恩，並將黃金裝在靴筒裡。

但是，當郭德成走到宮門時，卻又是另一副神態，只見他東倒西歪，儼然是一副醉態，快出門時，他又一屁股坐在門檻上，脫下了靴子——靴子裡的黃金自然也就露了出來。

守門人一見郭德成的靴子裡藏有黃金，立即向朱元璋報告。朱元璋見守門人如此大驚小怪，不以為然地擺擺手：「那是我賞賜給他的。」

有人因此責備郭德成道：「皇上對你偏愛，賞你黃金，並讓你不要跟別人講，可你倒好，反而故意露出來鬧得滿城風雨。」對此，郭德成自有高見：「要想人不知，除非己莫為。你們想想，宮廷之內如此嚴密，藏著金子出去，豈有別人不知之理？別人既知豈不說是我從宮中偷的？到那時，我怕渾身長滿了嘴也說不清了。再說我妹妹在宮中服侍皇上，怎麼知道皇上是否以此來試一試我呢？」

現在看來，郭德成臨出宮門時故意露出黃金，確實是聰明之舉。恰如郭德成所言，到時的確有口難辯，而且從朱元璋的為人看，這類試探的事也不是不可能發生。

郭德成的這種做法，與一般意義上的大智若愚又有所不同，他不只是裝傻，而是預料到可能出現的麻煩，防患於未然。郭德成猜不透朱元璋的真實意圖，該怎麼辦呢？很簡單，把黃金露出來，一切難題就都迎刃而解了，方法很簡單，簡單得有些笨，但非常有效。

某肥皂工廠的生產線遇到一個棘手問題，那就是該如何快速確認每個包裝盒裡都裝上了肥皂？技術部成立了小組，由部門組長親自帶領，歷時半年，耗資百萬，研發出了個智慧系統，總算解決了問題。恰好一家企業也遇到了同樣的問題，流水線上的工人安裝了幾台大風扇對著傳送帶吹，將沒有裝上肥皂的盒子放在傳送帶，花費還不到八千元就解決了同樣的問題，既節能又環保。

上述的小企業雖然沒有什麼高科技小組，即使有也負擔不起那麼大的花費，無奈之下也只能採取一種「最原始的」辦法來解決，花費不多而且省時、省力，但是解決了燃眉之急。

笨方法其實並不笨，往往是最有效的方法之一。這個「笨」，並非真笨。下「笨」工夫，下真工夫，下苦工夫，現實生活中，有時看似不好的笨辦法、土辦法也是好辦法。當我們為一個難題百思而不解的時候不妨試一試，也許能收到奇效。最後，成功自然水到渠成。

小練習

人做事當然需要方法，需要聰明，但太依賴聰明則容易走向投機取巧的極端，反而不如一步一個腳印地做事情。很多人做事喜歡走捷徑，但最大的捷徑就是不走彎路。而那些喜歡走捷徑的人，總是在很多條「捷徑」中換來換去，結果還不如老老實實用最原始的方法。成就大事者，往往不全是那些聰明絕頂的人，而是很多普通甚至有點差的那一類人。

勇於標新立異，才會脫穎而出

在市場競爭如此激烈的年代，雷同化、單一化的產品已經氾濫成災，沿襲常規的模式就是死路一條。面對著擺在自己面前的難題，要解決它，就要採取特殊化的方式來處理。特殊化也就意味著你必須要打破常規、獨闢蹊徑，採取新思維、新思路，用自己獨特的思維方式來解決問題。

一直以來，國外的動畫片在市場上都有很高的占有率。很多小孩子都是伴隨著國外的經典動畫片成長起來的，諸如《探險活寶》、《多啦A夢》、《神隱少女》、《仙杜瑞拉》等作品。知名日本動畫師宮崎駿，也十分執著自己的夢想。創造出全新意境作品的創作之路是非常艱辛的，這也造成他往往已經對外釋出退休的計畫，卻又因心繫動畫而不忍真正離去，最終還是坐回原本的位置上，繼續編織老少咸宜的夢。

只要能夠找到自己不同於他人的特點，其實就距離成功不遠了。當然，特殊化並不是憑空而來的，天上不會無緣無故地掉下餡餅。當然，不可否認，在當今社會特殊化是對自己提出了更高的要求。因為，很多做法可能是很多人都嘗試過了，留給自己的創意空間其實並不是很寬敞。這意味著必須具備更深厚的積澱、更高明的智慧才能夠迎刃而解。要找准突破口，準確分析自己所面臨的情況，不斷實驗、不斷失敗，如此反覆，道路是充滿艱辛的。

只要在工作中善於發現、善於觀察還是會為自己留下發展前景的。要全面掌握自己所處的環境，就能夠走出屬於自己的道路來，而不是盲目地追隨和模仿別人成功的道路。

小練習

在東方人傳統的做事方式中，人們推崇墨守成規的做法。如果打破常規則會招致人們的不滿、反對，俗話說的「槍打出頭鳥」就是警告人們不要挑戰常規。然而，在當前急劇變遷的時代，很多新興行業也應運而生，很多事情是無章可循的。在現代社會，人們推崇創新的理念，要走出特殊化的道路才能為自己開闢一片天地。如果一味地用常規的思維來做事，很難讓自己脫穎而出。

有捨才有得

玩圍棋的時候，有些局面需要棄子。有時，棄子的力度越大，得到的戰果越佳。

有這樣一個小故事，有一個聰明的年輕人，渴望在所有方面都比他身邊的人來得更強，這名年輕人最想成為的是一名學者。然而許多年過去了，年輕人其他方面都不錯，學業卻沒有長進。他很苦惱，就去向一個大師求教。

大師說：「我們去登山吧，到山頂你就知道該如何做了。」

山上有許多晶瑩的小石頭，非常迷人。每見到年輕人喜歡的石頭，大師就讓他裝進袋子裡背著，很快，他就吃不消了。

「大師，再背，別說到山頂了，恐怕連動也不能動了。」年輕人疑惑地望著大師。

「是呀，那該怎麼辦呢？」大師微微一笑，「該放下！不放下，背著石頭怎麼能登山呢？」

年輕人聽後忽然心中一亮，向大師道了謝後便走了。之後，他一心做學問，進步飛快……

其實，有所得必要有所失，只有學會放棄，學會放下，才有可能登上人生的頂峰。

我們羨慕在天空中自由自在飛翔的鳥兒，人其實也該像鳥兒一樣歡呼於枝頭，跳躍於林間，與清風嬉戲，與明月相伴，飲山泉，覓草蟲，無拘無束、無羈無絆。這才是鳥兒應有的生活，才是人類應有的生活。

然而，這世上終還有一些鳥兒，因為忍受不了饑餓、乾渴、孤獨乃至於「愛情」的誘惑，從而成為籠中鳥，永遠地失去了自由，成為人類的玩物。

與人類相比，鳥兒面對的誘惑要簡單得多。而人類，卻要面對來自紅塵之中的種種誘惑。於是，人們往往在這些誘惑中迷失了自己，跌入了欲望的深淵，把自己裝入了一個個打造精緻的所謂「功名利祿」的金絲籠裡。這是鳥兒的悲哀，也是人類的悲哀。然而更為悲哀的是，鳥兒被囚禁於籠中，被人玩弄於股掌之上，仍歡呼雀躍放聲高歌，甚至於呢喃學語，博人歡心；而人類置身於功名利祿的包圍中，仍自鳴得意，唯我獨尊。這應該說是一種更深層次的悲哀。

懂得放棄才有快樂，背著包袱走路總是很辛苦。能夠放棄是一種超越，當你能夠放棄一切，做到簡單從容地活著的時候，你生命的低谷就過去了。

也許有時我們只看到了放棄時的痛苦，而忘記如果我們不放棄就會得到更大的痛苦。所以，我們要學會放棄。

放棄是一種境界，大棄大得，小棄小得。

小練習

人生在世，有許多東西是需要不斷放棄的。在仕途中，放棄對權力的追逐，隨遇而安，得到的是寧靜與淡泊；在淘金的過程中，放棄對金錢無止境的掠奪，得到的是安心和快樂；在春風得意、身邊美女如雲時，放棄對美色的占有，得到的是家庭的溫馨和美滿。苦苦地挽留夕陽，是傻人；久久地感傷春光，是蠢人。什麼也不放棄的人，往往會失去更珍貴的東西。今天的放棄，是為了明天的得到。

沒有機會，就創造機會

「沒有機會」永遠是那些失敗者的藉口。當我們嘗試著步入失敗者的群體中對他們加以詢問時，他們中的大多數人會告訴你他們之所以失敗，是因為不能得到像別人一樣的機會，沒有人幫助他們，沒有人提拔他們。但有能力與底氣的人，從不怨天尤人，他們只知道盡自己所能邁步向前。他們更不會等待別人的援助，他們能自助。他們不等待機會，而是自己製造機會。

亞歷山大在打完一次勝仗後，有人問他，假使有機會，他想不想攻占下一個城池。「什麼？」他怒吼起來，「即使沒有機會，我也會製造機會！」世界上到處需要而恰恰缺少的，正是那些能夠製造機會的人！

兩個年輕人一同開山採石。一個把石塊砸成石子運到路邊，賣給建房的人。而另一個直接把石塊運到碼頭，賣給花鳥商人。因為這裡的石頭總是奇形怪狀，他認為賣重量不如賣造型。三年後，他成為村裡第一個蓋起瓦房的人。

後來，開山不被允許了，只能種樹，於是這裡就成了果園。

偉大的成就和業績永遠屬於那些富有奮鬥精神的人們，而不是那些一味等待機會的人們。應該牢記，良好的機會完全在於自己的創造。

等到秋天，漫山遍野的果實招來八方商客，人們把堆積如山的水果運往各個城市。這裡的水果又香又甜，就在村裡人為水果帶來的小康生活歡呼雀躍時，曾經賣石頭致富的那個年輕人賣掉果樹，開始種柳。因為他發現，來這裡的觀光客雖不怕買不到好水果，卻怕買不到裝水果的竹籠。五年後，他成為第一個買房的人。

再後來，一條鐵路貫穿南北，這裡的人上車後，可以到車水馬龍的繁華區。小村對外開放，果農也由單一的賣果開始談論果品的加工及市場開發。就在一些人開始集資開工廠的時候，這個年輕人在農地裡砌了一座三公尺高、三公尺長的牆。這座牆面向鐵路，坐火車經過這裡的人，在欣賞盛開的梨花時，會看到四個大字：「可口可樂。」

據說這是五百里山川中唯一的一個廣告牆。那牆的主人憑著這堵牆，第一個走出了小村，因為他每年有四萬元的額外收入。

一九九〇年代末，日本豐田公司亞洲代表來此地考察。當他坐火車路過這個小山村時，聽到這個故事，他被這位年輕人的商業頭腦所震驚，當即決定下車尋找這個人。當代表找到這個人的時候，他正在自己的店門口跟對門的店主吵架，因為他的店裡的一套西裝標價八百元時，同樣的西裝對門就標價七百五十元；他標價七百五十元時，對門就標價七百元。一個月下來，他僅僅批發出八套西裝，而對門卻批發出八百套。代表看到這情形，以為被講故事的人騙了。

但當他弄清楚事情的真相後，立即決定以百萬年薪聘請這位年輕人，因為對面的那個店也是這位年輕人的。

機會在於創造，這位身處小山村的年輕人，憑著敏銳的智慧和開拓精神，實現了自己的理想！

世界上最需要的，正是這種能夠製造機遇的人。

時機雖然常常是超乎人類能力的大自然的力量，但人在機遇面前，不是被動的、消極的。許多成就大事的人，更多的時候是積極主動地爭取機會，「創造」機會。

偉大的成就和業績，永遠屬於那些富有奮鬥精神的人們，而不是那些一味等待機會的人們。應該牢記，良好的機會完全在於自己的創造。如果以為個人發展的機會在別的地方，在別人身上，那麼一定會遭到失敗。機會其實包含在每個人的人格之中，正如未來的橡樹包含在橡樹的果實裡一樣。

人不僅要抓住機會，更要創造機會。成功的人絕不是一個逍遙自在、沒有任何壓力的觀光客，而是一個積極投入、「執迷不悟」的參與者。善於製造機遇，並張開雙臂迎來機會的人，最有希望與成功為伍。積極創造機遇，也正是現代人必須具備的人生態度。

小練習

現實生活中很多人會抱怨命運對自己不公平，別人為什麼會有這樣那樣的機遇，而為什麼自己就沒有呢？於是，總是等著機遇的降臨才施展才能。不過仔細想想，難道那些成功者就擁有很好的機遇嗎？不是。這時候，你可能還會被蒙在鼓裡，因為你沒有意識到別人都是透過別的手段獲取成功的，那就是自己製造機會，沒有哪個機會會很輕易地就降臨在某個人的身上。

仔細規劃，再行動才有奇效

大多數人都有上進心，並且希望能在一生的職業生涯中有所成就，並願意為此付出勤奮和努力。但是，成功不僅需要主觀努力，還需要對自己的職業發展方向進行科學的規劃。作為一位職場人士，只有重視個人職業生涯規劃，才會保證個人職業發展與組織發展相匹配。

職業規劃也是在幫助我們想清楚「為何而做」。例如，台灣奧美公關董事總經理王馥蓓列出不加班清單的背後，是想多跟孩子共處。這個初衷，讓她拋掉上班族只能被老闆決定時間的負面思考。在以高工時著稱的公關產業，也能準時下班。透過清單，能夠讓我們更有效地規劃時間，並再次確認目的。

列清單並不一定要趕在一天之內都完成，但也不能懸置，否則就失去清單的意義。讓靈感藉由列成清單這個動作，不只停留在「想」的階段，要能舉一反三並實踐。有個非常經典的例子，就是當年徐重仁董事長為統一集團引進星巴克咖啡。

他告訴《商業周刊》，一開始他並不懂什麼是星巴克，只知道在美國、日本好像滿熱門的，就將自己對星巴克的大略了解列在清單中。「如果沒有記下來，那我可能像一般人一樣，就只覺得外國的星巴克咖啡很好喝。」後續研究過後，發現引進台灣也許行得通，由此引發一連串的評估與策略。

每份清單，都像是一個又一個行動計畫。「原則就是：簡單的事不要複雜化。」能一次執行的事，就不要分段進行。

在漫長的職業生涯中，你能一直將擁有清醒的自我意識放在首位嗎？你對自我的了解能夠隨著時間的推移而更加深刻嗎？擁有清晰的自我意識，不僅能夠對我們自身的缺點有建設性的指導作用，而且能夠使我們充分利用自身的優點。

可見，在我們職業生涯的發展過程中，能夠洞察自我，擁有強烈的自我意識是我們學習、發展和構建高效工作方式的最基本條件。

小練習

生活中，我們需要對自己做一些大大小小的規劃。短期的規劃可以是一些小的目標，它有助於你走好眼前的每一條路。大的規劃則是長久的，最終的目標。長期規劃要以正確的價值觀、人生觀為導向，並根據社會發展的需要和個人發展的志向，為自己的發展道路做出一種預先的策劃和設計。擁有規劃的人生是目標清晰的，你可以朝著自己既定的目標不懈奮鬥，在追逐夢想的道路上披荊斬棘，大展宏圖。

第三章

不是因為你不夠努力，是方法不對

很多時候我們付出了沒有回報是因為我們方向錯了，這時候就要調轉方向，快馬加鞭，駛向成功的彼岸。

找對方向，事才能成

富蘭克林曾經說過：「珍貴的東西放錯了地方便是廢物。人生的訣竅就是找準自我定位，定位若能準確，便可發揮你的特長。經營自己的長處能使你的人生增值，而花費太多力氣在自己的短處會使你的人生貶值。」

一九二九年，喬．吉拉德出生在美國一個貧民家庭。他從懂事起就開始擦皮鞋、做報童，長大後又做過洗碗工、送貨員、電爐裝配工和住宅建築承包商，等。三十五歲以前，他只能算是一個失敗者，朋友都棄他而去，他還欠了一屁股債，連妻子、孩子的生活都成了問題，同時他還患有嚴重的語言缺陷——口吃，換了四百多份工作仍然一事無成。為了養家糊口，他開始賣汽車，加入推銷員行列。

剛剛接觸推銷時，他不斷對自己說：「你認為自己行，就一定行。」他相信自己一定能做得到，以極大的專注和熱情投入推銷工作中，只要一碰到人，他就把名片遞過去，不管是在街上還是在商店裡。他抓住一切機會推銷他的產品，同時也推銷他自己。三年以後，他成為全世界最偉大的銷售員。誰能想到，這樣一個不被人看好，而且還背了一身債務、幾乎走投無路的人，竟然能夠在短短的三年內成為金氏世界紀錄裡的「世界上最偉大的推銷員」。他至今還保持著銷售昂貴產品的空前紀錄——平均每天賣六輛汽車！他一直被歐洲商界稱為「能向任何人推銷出任何商品」的傳奇人物。

喬・吉拉德做過很多種工作，屢遭失敗。最後，他把自己定位在做一名銷售員上，他認為自己更適合、更勝任這項工作。

你可以長時間賣力工作，你可能創意十足，聰明睿智，才華橫溢，屢有洞見，甚至好運連連——可是，如果你無法在奮鬥過程中為自己準確定位，不知道自己的方向在哪裡，一切都會徒勞無功。

可以說，你給自己什麼定位，你就是什麼樣的人，定位能改變人生。

一個乞丐站在一條繁華的大街上賣鑰匙圈。一名商人路過，向乞丐面前的杯子裡投入幾枚硬幣，然後匆匆離去。

過了一會兒，商人回來取鑰匙圈，對乞丐說：「對不起，我忘了拿鑰匙圈，你我畢竟都是商人。」

一晃幾年過去了，這位商人參加一次高級酒會，遇見了一位衣冠楚楚的老闆向他敬酒致謝，說：「我就是當初賣鑰匙圈的乞丐。」這位老闆告訴商人，他生活的改變得益於商人的那句話。

在商人把乞丐看成商人那一天，乞丐猛然意識到，自己不只是一個乞丐，更重要的是，還是一個商人。於是，他的生活目標發生了很大轉變，他開始販賣一些在市場上受歡迎的小商品。在累積了一些資金後，他買下一家雜貨店。由於他善於經營，現在已經是一家超級市場的老闆，並且開始考慮開幾家連鎖店。

這個故事告訴我們，你把自己定位於乞丐，你就是乞丐；你如果你無法在奮鬥過程中幫助自己準確定位，不知道自己的方向在哪裡，一切都會徒勞。你若把自己定位於商人，你就是商人，不同的定位成就不同的人生。

可以這麼說，如果定位不正確，你的人生就會像失去指南針一樣迷茫，有時甚至會發生南轅北轍的事；而準確的人生定位，不但能幫助你找到合適的道路，更能縮短你與成功的距離。一個合適的定位，就像一股強烈的助推力，能幫助你的人生節節攀升。

如果你到現在還沒有找準自己最擅長的優勢去發揮的話，那麼你就應該抓緊時間，認真分析一下自己，根據自己的特點，尋找真正適合自己的位置。

只有坐在適合自己的位置上，你才能得心應手，在人生的舞臺上遊刃有餘。

小練習

能夠使你價值連城的祕訣就是把自己的長處發揮到極致，使自己的人生增值。人人都有自己的優勢和劣勢，要盡力找出自己最擅長的優勢去發揮，否則，做自己不擅長的事情，到頭來只能是打水一場空。

心中要有一份地圖，不迷茫

一個好的職業規劃，就如同開車一樣，首先要知道自己要到哪裡去，其次要知道自己在哪裡，最後還要有詳細的地圖來指引自己怎麼行車。假若不知道想去哪裡，將會產生消極——沒有目標，不知道自己在哪裡，將會迷失自我，不知道具體怎麼去，將會盲目，無路可尋。因此，制定一份詳細的職業地圖是很有必要的。

小明在前幾次工作都被老闆辭退後，終於找到了一份自己的喜歡的廣告策畫工作。在入職的第一天，老闆問他：「你有沒有想像過十年後的你是什麼樣子？」

小明搖了搖頭。

「五年後呢？」

他仍然搖頭。

「那如果有一天你丟掉了這份工作呢？」

「再找一份自己的喜歡的工作。」

「你沒有沒想過你工作是為了什麼，你想要什麼樣的生活，你又該如何去得到？」

小明被問住了。

「為你的職業生涯做一個規劃，它會讓你更加明確自己的目標，同時也更有動力。」

小明聽完老闆的話後，開始思索職業規劃的事。他開始明白自己的職業不能一直在被辭退與找工作中度過。他先自己制定了一個小目標——五年內做上創意總監的位置。有了明確的目標了，他也愈來愈有動力，做事也變得清晰多了。最終他也實現了自己的這個目標。

這個例子告訴我們：「凡事預則立，不預則廢。」這也是大多數成功人士之所以能夠成功的關鍵所在。一個清晰的職業規劃讓你不再隨波逐流，同時也能幫助你認清自己的實力，發揮自己的優勢，更好地掌控自己的職業。那麼我們該如何制定好的職業規劃呢？

首先，你要弄明白自己的主要職業目標是什麼，或者是你想過什麼樣的生活。比如，有的人希望有房有車，有的人希望能成為自己喜歡的行業的領軍人物，有的人則希望能成為自由職業者，等等。

其次，了解了自己的職業目標後，該著手把這個目標具體化了，或者是一個五年計劃，也可以是一個十年或者二十年計畫。

在具體化這個目標前，你要問自己這樣幾個問題。第一，五年或十年後，我希望自己在做什麼？第二，我希望自己可以賺到多少錢？第三，我希望過一種怎樣的生活？

這些問題是讓你對自己的目標有更清楚的認識。不能好高騖遠，不顧現實。如果今天還住著便宜的套房，毫無頭緒地找工作，卻想著五年內要有一家自己的大公司，一百年內公司就要進入世界五百強，太過不現實。

最後，明確目標後，就要計畫自己該如何去實現這些目標，且這種計畫越具體越好。

比如你現在還是一個助理編輯，你的計畫是五年之內自己開一家出版社，自己做老闆。那麼，這些問題是你應該思考的：你需要有哪些能力和資源才能完成？包括財力方面、能力方面、個性方面、人脈方面以及知識方面等。大概需要多少資金？你能有多少客戶資源；成為一個獨當一面的人之前，你需要克服哪些缺點？你的父母、朋友、老闆，這些人能帶給你多少幫助？目前在職的公司能學到多少東西？有多少進步的空間？

思考過這些問題後，你就會明白自己與目標間有多大差距，該如何縮小這些差距。同時也要明白人所處的環境和條件是不斷變化的，所以一定根據這樣的變化，對自己的職業目標做出相應的修改和調整。

現實中，我們每個人不能只顧著今天，而不懂得為明天著想。制定成功的職業規劃，時刻集中精力，朝著自己的目標努力前進吧！

小練習

無論團隊或者個人，不管做什麼事，事先都要有明確的目標，都要有一個打算和安排。只有預先做好了安排，有了準備，有了計畫，才能把事情辦好。確定了奮鬥目標，有了具體的工作、活動程式，也就有了監督檢查的依據，這樣可以增強自覺性，減少盲目性，從而也就可以合理地安排人力、物力、財力、時間，使工作有條不紊地進行。

看到整座森林，而不只是一棵小樹

有句俗語說：「要看到整座森林，不要只盯著一棵小樹。」也就是說，我們在看問題的時候，要從長遠處著眼，切忌鼠目寸光。缺乏遠見的人可能會被等待著他們的未來弄得目瞪口呆，變化會把他們刮得滿天飛。他們不知道自己會落在哪個角落，不知道等待他們的又是什麼。

如果你有遠見，那麼你實現目標的機會將會大大增加。美國商界有句名言：「愚者賺今朝，智者賺明天。」成功的企業家，每天必定用百分之八十的時間考慮企業的明天，百分之二十的時間處理日常事務。著眼於明天，不失時機地開發或改進產品或服務，滿足消費者新的需求，就能獨占鰲頭，創造「風景這邊獨好」的佳境。

洛克斐勒在二六歲時就經營起了當時風險很大的石油生意，當他所經營的標準石油公司在激烈的市場競爭中控制了美國全部煉製石油的百分之九十時，他並沒有停止冒險行為。一八八〇年，有人發現一個大油田，因為含碳量高，人們稱之為「酸油」。當時沒有人能找到一種有效的辦法提煉它，因此一桶的酸油只能賤賣。洛克斐勒預見到這種石油總有一天能找到提煉方法，堅信它的潛在價值是巨大的，所以執意要買下這個油田。當時他的這個建議遭到董事會多數人的堅決反對，事後他只得說：「我將冒個人風險，自己貼錢去支持這一產品，如果必要，將拿出兩百萬或三百萬。」洛克斐勒的決心終於迫使董事們同意了他的決策。沒想到不到兩年時間，洛克斐勒就找到了煉製這種「酸油」的方法，油價漲到了一美元，石油公司也在那裡建造了全世界最大的煉油廠，營利瞬間暴增到幾億美元。

香港企業家馮兩努說過：「世界會讓路給那些有目標和遠見的人。」其實，人們早就知道遠見對於成功的重要性。每個人都希望自己有一番作為，尤其是希望有好的發展，取得輝煌的成就，那就不能安於現狀，只盯著眼前的小利。

小練習

做人做事要用敏銳的眼光洞察現實，要用前瞻性的思維預測未來的發展方向；要敢於嘗試，學會思考，善於創新，培養創造性思維；要把目光放長遠些，淡泊明志，寧靜致遠。只有如此，才能克服現實中的種種難題，成為一個大人物。

靠蠻力無法成事，用對方法更重要

人們總是不自覺地為自己戴上了很多面具，以致於常常不能用最簡單有效的方式做事。比如，在努力的過程中，常常用「我只能這樣做」這樣一個面具遮擋自己，實際上，只要動動腦筋，更好的方法總會有的。

小綠在十四歲的時候，暑假將臨之際，他對爸爸說：「爸爸，我不要整個夏天都向你伸手要錢，我要找個工作。」

父親從震驚中恢復過來之後對小綠說：「好啊，我會想辦法幫你找到工作，但是恐怕不容易。」

「你沒有聽清楚我的意思，我並不是要您幫我找工作，我要自己來。還有，請不要那麼消極，我還是可以找到工作，有些人總是可以找到工作的。」

「哪些人？」父親帶著懷疑問。

「那些會動腦筋的人。」兒子回答說。

小綠在廣告欄上仔細尋找，找到了一個很適合他專長的工作，廣告上說預計要應徵工作的人要在第二天早上八點鐘到達街上的一個地方。小綠並沒有等到八點鐘，七點四五分就到了那裡。然而他卻看到有二十個男孩排在那裡，準備應徵，而小綠是隊伍中的第二十一名。

怎樣才能引起特別注意而競爭成功呢？這是他的問題，他應該怎樣處理這個問題？小綠進入了那最令人痛苦也最令人快樂的程式——思考。人在真正思考的時候，總是會想出辦法的。果不其然，小綠終於想出了一個辦法。他拿出一張紙，在上面寫了一些東西，然後折得整整齊齊，走向祕書小姐，恭敬地對她說：「小姐，請妳馬上把這張紙條轉交給妳的老闆，這非常重要。」

「好啊！」她說：「讓我來看看這張紙條。」她看後不禁微笑了起來。她立刻站起來，走進老闆的辦公室，把紙條放在老闆的桌上。老闆看了也大聲笑了起來，因為紙條上寫：「先生：我排在隊伍中第二一位，在你沒有看到我之前，請不要做決定。」

最後，小綠果然得到了工作。

的確，努力也要講究方法，把動腦和勤奮結合起來，知道怎樣努力才能取得最佳效果，就像我們常說的「工欲善其事，必先利其器」，只有方法正確，做起事來才會事半功倍，而單純埋頭苦幹，則難見起色。

小練習

現代心理學研究表明，在一般情況下，大多數人的智力都處於半開發的狀態，而在興奮或者激動的狀態下才會有一些出乎意料的智力表現。因此，我們的潛在能力是否能被激發，取決於我們在面對困難、阻礙時是否有能夠積極思考對策的態度。面對阻礙時，成功的人會沉住氣，不急不躁，堅信天無絕人之路，努力營造出動腦思考、尋求方法的積極氛圍，而失敗者往往敗在自己沒有付出努力尋求方法。

不猶豫，要勇於承擔

現實中，一些人簡直優柔寡斷到無可救藥的地步，他們不敢決定每件事情，不敢擔負起應負的責任。之所以這樣，是因為他們不知道事情的結果會怎樣——究竟是好是壞，是凶是吉。他們常常擔心今天對一件事情進行了決斷，明天也許會有更好的事情發生，以至對今日的決斷發生懷疑。許多優柔寡斷的人，不敢相信他們自己能解決重要的事情。因為猶豫不決，很多人使他們自己美好的想法終於破滅。

印度有一位知名的哲學家，天生有一股特殊的文人氣質。某天，一個女子來敲他的門，她說：「讓我做你的妻子吧，錯過我，你將再也找不到比我更愛你的女人了。」哲學家雖然也很喜歡她，但仍回答說：「讓我考慮考慮！」

事後，哲學家用他一貫研究學問的精神，將結婚和不結婚的好壞一一列舉出來比較，可是發現好壞均等，這讓他不知該如何抉擇。於是他陷入了長期的苦惱之中，遲遲無法做決定。最後，哲學家得出一個結論——人若在面臨抉擇而無法取捨的時候，應該選擇自己尚未經驗過的那一個。

不結婚的處境自己是清楚的，但結婚會是個怎樣的情況自己還不知道。那麼，自己應該答應那個女人的請求。

於是，哲學家來到女人的家中，對女人的父親說：「你的女兒呢？請你告訴她我考慮清楚了，我決定娶她為妻。」女人的父親冷漠地回答：「你來晚了十年，我女兒現在已經是三個孩子的媽媽了。」哲學家聽後整個人近乎崩潰，

他萬萬沒有想到向來自以為傲的哲學頭腦，最後換來的竟然是一場悔恨。後來，哲學家抑鬱成疾，臨死前將自己所有的著作丟入火中，只留下一行字作為人生的注解——如

果將人生一分為二，前半段的人生哲學是「不猶豫」，後半段的人生哲學是「不後悔」。

猶豫不決和後悔是性格上的弱點，這兩種弱點都可以敗壞一個人的自信心，也可以破壞一個人的判斷力，並大大有害於一個人的全部精神能力。猶豫不決、優柔寡斷是人們的仇敵，在它還沒有破壞你的力量、限制你一生之前，你要立刻把這群敵人置於死地。不要再等待、再猶豫，絕不要等到明天，今天就應該開始。要逼迫自己訓練一種遇事果斷堅定的能力、遇事迅速決策的能力，對於任何事情都不要猶豫不決。

其實，獲得奇蹟很簡單，只要不猶豫，去行動就可以了。所謂的運氣好，就是行動的結果。只有去追求，才能抓住看似不可能的機會。安於現狀、懷疑一切、懼怕失敗的人，永遠不可能創造出奇蹟。

小練習

人生就如同一盤棋局，坐在你對面的對手就是時間，只要你猶豫，你就會被淘汰出局。現實中任何一位偉大的領袖都沒有猶豫、拖延的習慣。猶豫、拖延會剝奪你無數機會。如果雄心能夠驅使你採取行動，一旦你下定了決心要前進，就絕不要停止腳步或走回頭路，那麼你就是成功的。時間能醫治失敗的創傷，扭轉所有的不公，能把所有的錯誤變成財富，但是時間只欣賞那些下定決心，果斷行動的人。

有失必有得，放下是好事

有位哲人說：「人生有兩苦，一是得不到之苦，二是鍾情之苦。」有很多事，既然在劫難逃，那麼就需要你去勇敢面對。更多時候，放下也是一種選擇，失去也是一種獲得。

有一年，安德魯．麥克萊恩隨探險隊成功登上某一座高聳山峰。在下山的路上，卻遇上了狂風暴雪。每行一步都極其艱難，最讓他們害怕的是，風雪根本就沒有停下的跡象。他們的食品已為數不多，如果停下來紮營休息，他們很可能在沒有下山之前，就會被餓死；如果繼續前行，大部分路標早已被大雪覆蓋，而且，每個隊員身上所帶的增氧設備及行李等物品會壓得他們喘不過氣來，他們不餓死，也會因疲勞而倒下。

在整個探險隊陷入迷茫的時候，麥克萊恩率先丟棄所有的隨身裝備，只留下不多的食品，輕裝前行。他這一舉動幾乎遭到所有隊員的反對。麥克萊恩很堅定地告訴他們：「我們必須而且只能這樣做，這樣的雪山天氣十天半個月都可能不會好轉，再拖延下去，路標也會被全部埋沒，丟掉重物，就不允許我們再有任何幻想和雜念，只要我們堅定信心徒手而行，就可以提高行走速度，也許這樣我們還有生的希望！」

最終隊員們採納了他的意見，一路上相互鼓勵，忍受疲勞和寒冷，不分晝夜前行，結果只用了八天時間，就到達了安全地帶。而惡劣的天氣，正像麥克萊恩所預料的那樣，那段時間一直未曾好轉過。也因為這場意外，麥克萊恩失去了他的數根手指與腳趾。

雖失去了手指與腳趾，但也因此才能留住自己寶貴的生命。其實，失去和獲得互為依存。失去青春，獲得成熟和人生經驗；失去玩的時間，獲得辛勤工作的報酬；失去高薪職位，卻能獲得渴望過的休閒時刻。失去了某種東西，必然會在其他地方有所獲得。要捨得放下，用平衡的心態對待失去，人生這枚硬幣，其反面正是那悖論的另一要旨：我們必須接受「失去」，學會放下。對善於享受簡單和快樂的人來說，人生的好心態只在於取捨得當。

俄國詩人普希金在一首詩中寫到：「一切都是暫時，一切都會消逝，讓失去的變為可愛的。」學會習慣於失去，往往能以從失去中獲得。生活中有很多的無奈，放棄一些，你才能去掌握和珍惜真正屬於自己的美好！放棄繁瑣，輕便前行；放棄悵惘，輕快歌唱。

人必須懂得適時放下，這樣才能更好地獲得。

小練習

人生就像一場旅行，在行程中，你會用心去欣賞沿途的風景，同時也會接受各種各樣的考驗。在這個過程中，你會失去許多，但是同樣，你也會收穫很多。因為，失去後所得到的並不一定都是災難，也可能是福音。生活中，一扇門如果關上了，就會有另一扇門打開。你失去了一種東西，就會在其他地方收穫另一種東西。

機遇難得，把握機遇更難得

「機遇」在一個人的發展中起了重要的作用，成功的人都善於把握機遇，當機遇到來時必須要有敏銳的嗅覺和判斷能力。當別人對機遇的到來還麻木不仁時，你能捷足先登搶占先機，就俘獲了機遇。那些對機遇的到來懵然無覺或後知後覺的人，也必然無法抓住它的尾巴。

有人說：「機遇可遇而不可求。」其實，機遇的產生也有其內在規律。如果你有足夠的勇氣、睿智的頭腦、敏銳的觀察力和判斷力，機遇也可以被「創造」出來。善於等待機遇、抓住機遇是一種智慧，創造機遇則是一種大智慧。在成功路上探索的人，如果能在機遇來臨之前就能識別它，在它消逝之前就果斷採取行動占有它，這樣，幸運之神就會來到你的面前。

當一個人主觀條件得到優化，也會影響客觀環境的改變，將有利於適應個人發展的良好機遇的產生。從客觀來看，機會降臨時，自身膽識等方面素質較強的人顯然要比一般人更容易捕捉到機遇。才華出眾則是捕獲機遇的最大資本。

對許多成功者發生決定性影響的機遇次數是極少的，少的只有一兩次，多的也僅四五次。因此，對於渴求成功的人，機遇的重要性不在於數量。要選擇對自身成長最有效用的機遇，放棄那些對成才幫助不大的機會，盡可能使機遇在你的成才之路上發揮出最大的作用。

創造機遇、爭取機遇需要花費極大的心血，但更為重要的是如何把握好機遇，使其發揮出最大的效力。若是花費許多精力，好不容易爭取到機遇，卻沒好好珍惜它，最後會因功虧一簣而飲恨終身。

因此，當機遇向你靠近時，儘管還帶著某些不確定因素，這時最明智的做法是眼疾手快、當機立斷，馬上將它捕獲，以免轉瞬即逝，或是日久生變。看來，握住機遇，眼力和勇氣是不可缺少的。

機遇是一個神奇但又古怪的精靈，它對每一個人都是公平的，但絕不會無緣無故地降臨、出現。只有經過反覆嘗試，多方出擊，才能尋覓到它。

在爭取成功的道路上，有的人不喜嘗試，不願走崎嶇的小道，遇到艱辛或繞道而行，或望而卻步，他們常與機遇無緣。而另一些人，總是很有耐性，嘗試著解決難題，不怕吃千般苦曆萬道險，結果恰恰是他們能抓住「千呼萬喚始出來」的機遇。

可是，機遇不是一個溫文儒雅的來客，它並不會戴著白領帶、穿著西裝來登門拜訪。但是，它對任何人都是公正的。有的人眼疾手快，將機遇迎來做客；有的人卻麻木呆滯，使到嘴的「鴨子」逃之夭夭。要迎接「機遇」這位不速之客，需要下一番工夫，需要你開動智慧的頭腦。

小練習

其實，機遇對每一個人都是公平的，這就像陽光和雨露會散布到大地上的每一塊地方，關鍵是一個人面對機遇究竟能不能真正把握住。在能夠把握機遇並且充分地利用機遇的人那裡，機遇時刻都存在著，他們對機遇就像有經驗的船夫利用風一樣，兩者之間似乎有一種默契。

人生有無數個解，關鍵看選擇

人只要在追求，就是在選擇。

人生有無限多個解，人生是不能被理性窮盡的一個無理數。每個人因為站在不同角度去看它、體驗它，所以從中得出有關人生的定義也各有殊異。但有一點是共同的——人生即是選擇。

有一位作者曾寫過一篇文章。記得小時候，鄉下的水果十分稀缺，於是自己經常和年齡相仿的小朋友，一群人爬樹摘野山栗、紫桑葚之類的小果實，以解口頭之饞。而每次爬樹的時候，都會出現相似的情況——剛開始，大家都從一棵大樹底下往上爬，可愈往上爬，樹枝愈多，大家為了多採點果實，便選擇了不同樹枝。結果起點完全相同的小朋友們，各自爬到了不同的方向和高度上，有的站在又高又穩的主幹枝頭上，有的蹲伏在搖擺不定的側枝上，還有的停留在樹枝之間……下來的時候，有的滿載而歸，有的有一點收穫，還有的空手而回。

現在想來，小時候爬樹與人生的歷程又是何其相似？生活中我們經常不知不覺地走到「十字」甚至「米」字路口上，讓你去選擇，而正是這一次次的選擇決定了我們今天的社會位置和人生狀況。

人生似一條曲線，起點和終點是無可選擇的，而起點和終點之間充滿了無數個選擇的機會。

在人生的旅途上，你必須做出選擇。你是任憑別人擺布還是堅定自我？你要當一個總要別人推著你走的人，還是駕馭自己的命運，控制自己情感的人？

不少人的生活就像秋風捲起的落葉，漫無目標地漂蕩，最後停在某處，乾枯、腐爛。為了促進個人的成長，達到個人的幸福，你必須學會駕馭生活。你必須自己選擇適合的服裝，自己選擇值得深交的好朋友，自己選擇喜歡和適合的工作。

有的選擇會出現在前途未知的十字路口上，這是人生決定性的時刻。決定性的選擇需要果斷和勇氣。這果斷和勇氣，有猜測和賭博的成分，但更多的是來自知識和智慧的判斷。

不是有才能就一定會成功，世界上許多有才能的人，卻不是成功人士，這是因為他們沒有選對發揮自己才能的舞臺。

如果你想實現自己的人生價值，千萬別忘了選擇，因為只有選擇才會為你的生命不斷注入激情；因為只有選擇才能使你擁有主宰自身命運的偉大力量；因為只有選擇才能把你人生的美好夢想變成輝煌的現實。

小練習

人人都會面臨各種各樣的危機，如信仰危機、事業危機、感情危機，等等。在危機當中，正確的選擇和變動會使我們積累起一種新的力量，重新面對世界。在每個人的身上，都有一種十分強大的力量潛藏於體內，如果你無法發現它，它就永遠處於冬眠狀態，使你在人生的路途中無法體現自身的創造力，更無法實現你的人生追求與夢想。

找對方向，才不會整天瞎忙

方向或者目標是一個人行動的指南針。做事找准目標，一個人做事才能夠有效率，才能夠把需要做的事情做好。有目標的人是在為效率、為美好的結果而忙，沒目標的人只會愈忙愈亂。

在《愛麗絲夢遊仙境》中，愛麗絲問貓咪：「請你告訴我，我應該走哪條路呢？」貓咪說：「看妳要去什麼地方。」

「去哪都無所謂。」愛麗絲說。

「那麼妳走哪條路都可以。」貓咪回答道。

「那麼，只要能到達某個地方就可以了。」愛麗絲補充道。

「親愛的愛麗絲，只要妳一直走下去，肯定會到達那裡的。」

現實中，像愛麗絲那樣去哪裡都無所謂的大有人在。他們在工作中標榜努力工作，勤奮學習，卻總是漫無目的，就在於沒有固定的目標，他們的精力太過分散，以至於一事無成。所以，做事時要把時間花在刀口上，要忙就忙出成效來。

有些人不設定目標，更談不上職業規畫，他們不停工作，一刻不得閒地忙碌著，卻遲遲沒有好結果——由於缺乏目標，他們把大量時間和精力浪費在一些無用的事情上。

這種看似忙碌、最後卻發現自己與目標背道而馳的情況是非常令人沮喪的，這也是很多人之所以效率低下的一個重要原因。工作起來不出成果的人最容易犯的錯誤就是：他們往往把大量的時間和精力浪費在無用的事情上。

博恩・崔西說：「做事有目標是提升效率的關鍵。高效率工作的首要前提就是制定一套明確、具體而且可以衡量的目標和計畫。」現實生活中，我們發現那些做事高效率的人始終會將目光集中在他們的目標上，他們常常在向目標奮進的過程中運用想像提醒自己目標之所在。

奧林匹克運動會十項全能金牌獲得者詹姆斯・卡特為了實現自己的目標，用運動器材填滿了家中整個院子，以便每天提醒他去實現自己的目標。他將十項全能每個項目的器材放在他不訓練時也能夠看到的地方：跨欄是他成績最差的一項，他就將一個柵欄放在臥室的正中央，每天必須跨越三十次；他的門擋是個鉛球；槓鈴就放在室外廊簷下；跳高用的桿子和標槍在沙發後豎立著；壁櫥裡放著他的運動制服、運動裝備和運動鞋。詹姆斯說這種不尋常的陳設在他準備奧運會奪冠的過程中，改善了他自己的心態。

如果你想讓自己的工作卓有成效，也應當像詹姆斯・卡特那樣在工作前先為自己設定一個明確的目標，並創建一種經常提醒自己的方式。比如，將你確定的目標和實施計畫寫在便箋上或是記事本上，並將它們有規律地放置在家中和辦公室裡，使你能夠常常看到它們；或者將你對自己目標和實現計畫的陳述錄在光碟裡，在你開車、做事情、休息或思考時播放它們；將你的實施計畫編輯在你的電腦螢幕保護裝置屏上；或者，將你需首要實施的計畫輸入電腦，並用裝飾紙列印出來，然後將這些紙懸掛在辦公室、臥室的鏡子上，甚至是冰箱上。這樣，你的目標和計畫就常常能出現在你的眼前，幫助你始終將注意力放在這些最重要的事情上面。

小練習

一個人如果沒有目標，他就不可能有明確的行動，更不可能獲得自己想要的結果。只有在行動之前確定明確的目標，我們才能減少干擾，把精力放在最重要的事情上。一個高效率的工作者每天進辦公室的第一件事，就應該是為自己定一個清晰可行的目標和計畫，讓自己有能力集中精力完成自己想完成的事情。

第四章 如何扭轉命運

命運不是你想它怎樣它就怎樣，很多時候，我們需要付諸行動，它才可能按照你想像的方向發展。

設計人生藍圖，別讓理想繼續沉睡

設計自己的人生藍圖，就是要設定自己的目標。無論是生活中的小目標，還是人生中的大目標，都需要精心規劃。

一所國際知名大學在三十年前曾對當時的在校學生做過一項調查，內容是個人目標的設定情況。調查資料顯示，沒有目標的人占百分之二十七，目標模糊的人占百分之六十，短期目標清晰的人占百分之十，長期目標清晰的人只有百分之三。三十年後，哈佛大學研究了這些調查情況，結果發現，第一類人幾乎生活在社會的最底層，長期在失敗的陰影裡掙扎；第二類人基本上都生活在社會的中下層，他們沒有多大的理想和抱負，整日只知為生存而疲於奔命；第三類人大多進入了白領階級，他們生活在社會的中上層；只有第四類人，他們為了實現既定的目標，幾十年如一日努力、積極進取、百折不撓，最終成為百萬富翁、行業領袖或精英人士。三十年前的目標設定情況決定了三十年後的生活狀況。

人一生中會做無數次的規劃，但如果最大的規畫——人生藍圖沒規劃好，那將是最大的失敗。規劃人生就是要對人生實行明確的目標管理。如果沒有目標，或者目標不正確，你的一生必然碌碌無為，甚至是雜亂無章。

做好人生規畫，必須注意兩點。一是善於總結，二是善於預測。對過去進行總結和對未來進行設計並不衝突，只有對自己的過去進行好好的回顧、梳理、反思，才能找出不足，繼續發揚優勢，這樣在做人生設計時，才能揚長避短。而對未來進行預測，就是說要有前瞻性的觀念和能力。假如缺少了前瞻性的觀念和能力，人將無法很好地預見自己的未來，預見事物的動態發展變化，也就不可能根據自己的預見進行科學的人生設計。一個沒有預見性的人，是不可能規劃好人生、走好人生的。

還有一點必須記住，那就是規劃好人生的前提是自知。了解自己，了解環境，這是成功的法則。知己知彼，方能百戰百勝。對自己有個詳細的了解與評估，才能進行人生的規畫。在知己知彼以後，需要對自己合理定位。人總會有不足和缺陷，對自己期望過低或過高都不利於成長。

但規劃人生不能盲從，也不能一味地遵從死板的道理。目標是為了實現，而不是為了規畫而規劃。規劃只是一種手段，不是我們要的結果。因此，我們需要變通，要因事、因時、因地變化。規劃也不是屈服，主動權要掌握在我們自己的手中——我的人生我做主，用自己手中的畫筆在畫布上畫出美麗的圖畫。

一個人要有獨特的、負責任的人生藍圖，這不只是自己的事情，也是這個時代對我們的要求。如果你的理想還在沉睡中，那麼快醒醒吧，趕快決定好自己的目標，不要等來不及時才匆匆忙忙地應付。

小練習

規劃人生，會使人生更加完善，而完善的人生一直都是我們所追求的。有人說，金字塔如果拆開了，只不過是一堆散亂的石頭。同樣，人生如果缺少規畫，也就是幾段散亂的歲月。凡事豫則立，不豫則廢，執著於自己既定的規畫，苦心經營，常常可以成就人生輝煌。

再往前跨一步，就是成功

許多對未來抱有很大信心的人，在努力奮鬥的道路上失敗了，卻不深省為何遭遇挫折。更多的失敗不是緣於自身能力的欠缺，而是缺少再努力一次的勇氣。有時候，成功和失敗就只相差這一次。

誰都知道凡爾納是一位世界聞名的法國小說作家，但很少有人知道，凡爾納為了發表他的第一部作品，曾經遭受過多麼大的挫折！這裡記錄的，就是凡爾納當時的一段令人難忘的經歷。

一八六三年冬天的一個上午，凡爾納剛吃過早飯，正準備到郵局去，突然聽到一陣敲門聲。凡爾納開門一看，原來是一個郵政工人。工人把一件包裹遞到了凡爾納的手裡。看到這樣的包裹，凡爾納就預感到不妙。自從他幾個月前把自己的第一部科幻小說《氣球上的五星期》寄到各出版社後，收到這樣的郵件已經十四次了。他懷著忐忑不安的心情拆開一看，上面寫道：「凡爾納先生，經我們審讀後，不擬刊用，特此奉還。」每看到這樣的退稿信，凡爾納都是心裡一陣絞痛。這次是第十五次了，還是未被採用。

凡爾納此時已深知，那些出版社的「老闆」們是如何看不起無名作者。他憤怒地發誓，從此再也不寫了。他拿起手稿向壁爐走去，準備把這些稿子付之一炬。凡爾納的妻子趕過來，一把搶過手稿緊緊抱在胸前。此時的凡爾納餘怒未息，說什麼也要把稿子燒掉。他妻子急中生智，以滿懷關切的感情安慰丈夫：「親愛的，不要灰心，再試一次吧，也許這次能碰上好運的。」聽了這句話以後，凡爾納搶奪手稿的手慢慢放下了。他沉默了好一會兒，然後接受了妻子的勸告，又抱起這一大包手稿到第十六家出版社去碰運氣。沒想到這次真的沒有希望落空，讀完手稿後，這家出版社立即決定出版此書，並與凡爾納簽訂了二十年的合約。

沒有妻子的勸告，沒有「再努力一次」的勇氣，我們也許根本無法讀到凡爾納筆下那些膾炙人口的故事，人類就會失去一份極其珍貴的精神財富。

成功往往就在於多堅持一次，多走一步。

在美國華盛頓的一塊岩石上立著一個標牌，標牌告訴後來的登山客，那裡曾經是一個女登山客死去的地方。

當時，女登山客正在尋覓的庇護所——「登山小屋」只距自己一百步而已，如果能夠撐一百步，她就能活下去。成功與失敗時常只有一牆之隔，如果我們一遇到挫折就退縮放棄，那麼只能去追逐失敗的尾巴了。

懂得自我激勵的人，總會在暫時失敗後很快反省，找出問題背後的原因，然後告訴自己，輕易放棄是弱者的行為，一定要再努力一次，因為成功已在前面向我們招手。

小練習

一些失敗的人總是不斷更改著他的人生信仰和理想，但人的精力是有限的，在不同的夢想之間來回徘徊，只會讓你一無所獲。許多人之所以與成功無緣，主要原因就是在最需要下大力氣、毫不懈怠地堅持下去時停止了努力，徹底讓成功在自己眼前一晃而過。人們經常在做了百分之九十九的工作後，放棄最後讓他們成功的百分之一。這不但會輸掉開始時的投資，更會喪失經由最後努力而發現寶藏的喜悅。

不會退的人，不懂退的妙處

看清形勢，該退的時候就退，這是一種智慧。事事逞強，只會使自己陷入被動。「退一步海闊天空」，處處硬來最終只可能是頭破血流。

南方的河裡有一條魚，牠遊到一座橋下，撞在橋墩的柱子上。牠不怪自己不小心，也不想繞過橋柱，反而生氣起來，認為是橋墩的柱子撞了自己。魚氣得張開嘴，豎起顎旁的鰭，脹起肚子，漂在水面上，很長時間一動也不動。飛過的老鷹看見它，一把抓起來，把它的肚子撕裂了。

大海裡有一種馬鮫魚，其肉質鮮美，為漁人所愛。馬鮫魚行動敏捷，聰明異常，若有一點風吹草動，牠會立刻逃之夭夭。但馬鮫魚有個致命的弱點，生性倔強，不知進退。當馬鮫魚遊過來，一旦碰到網，就愈要執意往前行，愈陷愈深，就愈惱怒，於是鰓也張開了，鰭也展開了。就這樣，牠被掛在網上，無法掙脫，只得束手就擒。

不懂進退的魚，失去的就是自己的生命。生活中人每時每刻都在面臨著選擇，進和退、得和失，總是讓人左右為難。聰明的人能夠以獨特的思維方式隨機而動，適時進退。智者能夠不被眼前暫時的、局部的現象所迷惑，而能洞察事物發展的動向，預測未來的趨勢，調整自己的行為，該進則進，該退就退。

精明者敢於放下，聰明者樂於放下，高明者善於放下。「進」固然重要，但「退」有時亦是方略。一個懂生活的人，不會一味地爭強好勝。在必要的時候，寧可退後一步，做出必要的自我犧牲來成就自己。退一步海闊天空，凡事三思而後行，這不但是一種自保的方法，更是一種生存策略。

退一步，或許可以讓你進十步。

小練習

我們常說「忍一時風平浪靜，退一步海闊天空」，可是，又有幾個人能真正做到？退一步其實就是一種自我控制，也是成功的基礎，更是經過千錘百煉而形成的一種習慣。只要我們在遇事時多一點忍讓，少一點爭執，多一點自制，少一點衝動，那麼就能找到人生的真諦。所以說，退一步是有修養的人的一種品格。

換個角度，在新思路中找出路

在生活和工作中，當我們遇到障礙，經過努力仍然沒有進展的時候，就要沉住氣，冷靜地想想是不是可以從其他角度來解決這一問題。換個角度去思考問題，往往能發現機遇，將你帶領到一個柳暗花明的新境界。

在面對一個問題時，不能只是盲目地執著，也不能只從問題的直觀角度去思考，要冷靜沉著，不斷挖掘自己的潛力，從不同的角度尋找解決問題的辦法，抓住機會，這樣往往就會使問題出現新的轉折。

下面的這個故事就闡釋了這個道理。

小路是一家大公司的高級主管，他面臨一個兩難的境地。一方面，他非常喜歡自己的工作，也很滿意工作帶來的豐厚薪水——他的位置使他的薪水只增不減。但是，另一方面，他非常討厭他的主管，經過多年的忍受，他發覺已經到了忍無可忍的地步了。在經過慎重思考之後，他決定去招聘公司重新謀求高級主管的職位。新公司告訴他，以他的條件，再找一個類似的職位並不費勁。

回到家中，小路把一切告訴了妻子。他的妻子是一位教師，那天才剛教導學生如何重新界定的問題，也就是把正在面對的問題換一個角度思考，把問題完全顛倒過來看——不僅要跟自己以往看問題的角度不同，也要和其他人看問題的角度不同。妻子聽後，便把上課的內容講給丈夫聽，小路聽了妻子的話後，一個大膽的主意在他腦中浮現了。

第二天，小路又來了，這次他是請招聘公司替他的主管找工作。不久，小路的主管接到了對方打來的電話，請他去別的公司高就，儘管他完全不知道這是他的下屬和招聘公司共同努力的結果，但正好這位主管對於自己現在的工作也厭倦了，所以沒有多久，他就接受了這份新工作。

這件事最奇妙的地方就在於主管接受了新的工作，結果他目前的位置就空出來了。小路便申請了這個位置，於是他就坐上了以前自己主管的位置。

在這個故事中，小路本是想替自己找份新工作，以躲開令自己討厭的主管。但他的妻子讓自己懂了如何從不同的角度考慮問題，結果，他不僅仍做著自己喜歡的工作，還擺脫了令自己煩惱的主管，還得到了意外的升遷。

所以當路走不通時，不要再一味「堅持」，而要變換思路，換個角度去思考。在這個世界上，沒有什麼東西是永遠靜止不前的，我們的思維也要跟著改變，這樣才能趕上時代的潮流。

小練習

作為有理想、有抱負的現代人，我們應努力培養自己突破創新的能力。這就需要我們在平常的工作、生活中，不斷搜集各種資訊，對於身邊發生的一切事情，都必須從不同的角度去思考，發掘一切機會，這樣才有可能在自己的工作和事業上開創出一片新局面。

學會規劃時間

許多人都有這樣的經驗，從早到晚忙忙碌碌，沒有一點空閒，但仔細回想一下，又覺得自己這一天並沒有做什麼事。這是因為我們花了很多時間在一些無謂的小事上，無謂的忙碌只會讓我們失去自由。

《時代雜誌》曾經刊登過一篇文章叫〈昏睡的美國人〉，大概的意思是說，很多美國人都很難體會「完全清醒」是一種什麼樣的感覺，因為他們總是有太多做不完的事。

美國人終年「昏睡」不已，聽起來有點不可思議，不過，這並不是好玩的笑話，而是極為嚴肅的話題。根據一份調查，有百分之五十的美國人承認，每天為了選擇醫生、旅遊地點、該穿什麼衣服而傷透腦筋。

仔細想一想，你一年之中是不是也像美國人一樣，沒多少時間是「清醒」的？每天熬夜、加班、開會，還有那些沒完沒了的家事，幾乎占據了你所有的時間。有多少次，你可以從容地和家人一起吃頓晚飯？有多少個夜晚，你可以不擔心明天的班表，安安穩穩地睡個好覺？

如果你在生活中不自覺地陷入這種境地，你要來個「門戶清理」的行動。有兩種方法，第一，重新整理。改變事情的先後順序，重要的事先完成，不重要的事則慢慢來。

第二，丟棄。你會發現，丟掉的某些東西，其實你一輩子都不會再需要它們。

當你發現自己被四面八方的各種瑣事捆綁得動彈不得的時候，難道你不想知道是誰造成今天這個局面，是誰讓你昏睡不已？其實答案很簡單——正是你自己，不是別人。昏睡中忙碌著的你我，必須學會割捨，才能清醒地活著，也才能享受更大的自由。

小練習

人常常因為有太多選擇的餘地，結果往往會變成無可選擇。其實，早應該給生活狀態來個「門戶清理」，因為即使是芝麻大的事，都由於有太多的選擇而消耗人們的精力。

解開心中的結，會飛得更高

現實生活中有無數的無奈，學習的壓力、工作的不順、情感的波折、朋友的誤解、主管的不滿等等，都是束縛我們的繩索。不少人會因此一蹶不振，灰心喪氣，從此失去了面對生活的勇氣；有的人會笑對繩索，迎難而上，進而功成名就。對待束縛我們的繩結，不同的人採取了不同的態度，因此造就了不同的人生。

古希臘的國王用非常奇妙的方法，在戰車上打了一串結。他預言：「誰能打開這串結，誰就可以征服亞洲。」一直到西元前三百三十四年，仍然沒有一個人能成功地將結打開。這時亞歷山大率領軍隊入侵，他來到結繩的車前，毫不猶豫地拔劍砍斷了繩結。後來，他果然占領了比希臘大五十倍的波斯帝國。

在現實生活中，困擾我們的繩結同樣存在，並且有可能在我們的心中。例如有一個年輕人從家裡出門，在路上看到了一件有趣的事，正好經過一家寺院，便想考考禪師。他問道：「什麼是團團轉？」

「皆因繩未斷。」老禪師隨口答道。

年輕人聽了大吃一驚。

禪師問道：「什麼事讓你這樣驚訝？」

「不，老師父，我驚訝的是，你是怎麼知道的呢？」年輕人說，「我今天在來的路上，看到了一頭牛被繩子穿了鼻子，拴在樹上，這頭牛想離開這棵樹到草場上去吃草，誰知它轉來轉去就是脫不開身。我以為師父沒看見，肯定答不出來，卻沒想到你開口就說中了。」

禪師微笑道：「你問的是事，我答的是理；你問的是牛被繩縛而不得脫，我答的是心被俗務糾纏而不得解脫，一理通百事啊。」

年輕人大悟。

一隻風箏再怎麼飛，也飛不到天空以外的宇宙，因為被繩子牽著；一匹馬再怎麼性格剛烈，也被馬鞍套上任由指使、命令。因為一根繩子，風箏失去了天空；因為一根繩子，水牛失去了草地；因為一根繩子，大象失去了自由；因為一根繩子，駿馬無法馳騁。

仔細想想，我們的人生不也常被某些無形的繩子牽住了嗎？某一階段情緒不太好，是不是自己也存在某種心結？這則故事是不是也能給自己帶來一些啟示呢？

其實，人生中不如意事十之八九，得失隨緣吧，不要過分強求什麼，不要一味地去苛求些什麼。世間萬事轉頭空，名利到頭一場夢，想通了，人也就透明了，心也就豁然了。

小練習

名利是繩，貪欲是繩，嫉妒和狹隘是繩，還有一些過分的強求也是繩。牽絆我們的繩子很多，一個人只有擺脫這些心的繩索，才能享受到真正的幸福，才能體會到做人的樂趣。生命中總有得失，甚至我們每一天都徘徊於得與失之間。要聰明地看待「得失」，對一個人的一生大有裨益。在智者眼中似乎從來是無得亦無失，他們總能得之泰然，失之也泰然。

學會靈活應變

我們每一個人先天就具備了解決問題的能力，關鍵看我們怎麼去應用這種能力，並開發這種能力，做出實際可行的計畫，使它具體化和易行化。其實這就是我們所說的應變的力量，在日常生活中我們要學會活用應變的力量，使它成為我們的精神武器。很多人在面臨人生重大問題的時候往往糾結無頭緒，導致問題無法得到妥善的解決，其中最重要的原因就是精神和情感上都缺乏計畫，沒有活用應變的力量。

有一家公司的創始人根據他自身的成功經驗，總結出一句話，那就是「人的頭腦力量是無窮的，能在緊急時刻發揮出巨大的能量」，也就是說人在緊急時刻都有一種特別的能力，這種能力能幫助自己解決不能解決的事情，這的確是一個精妙的理論。也許我們在一般時候很難發現這種能力，但它並沒有消失，它潛伏在大腦深處，一旦在緊急時刻發生了事故，那麼這種能力就會依照個人的需要而發揮出來。

而一個積極生活並有實際信仰的人絕不會讓這種應對緊急狀況的能力長期潛伏，而會利用它，在實際生活中發揮巨大的能量。在生活中，我們不難發現有這麼一部分人，他們在處理日常事務，尤其是遭遇危機時，都能發揮出一種能力，把事情妥善解決。他們有什麼魔法嗎？他們難道天生就有這種解決問題的能力嗎？答案是，他們有，而我們也有。區別在於他們能把平常被忽略的能力活用在日常生活中，而具備這種能量的我們卻把這種應變的能力一而再再而三地忽略了。

還在等什麼呢？就從今天開始，拾起應變的力量。在生活中我們也能和成功者一樣變得積極，有智慧有力量。那麼，該如何去做呢？你覺得這件事情有難度嗎？其實一點也不難，只要我們善於發現、善於應用、善於堅持信仰。

其實在生活中碰到了難題真的沒什麼好畏懼的。你如果碰到了一個難題，我想對你說，那很好，那很棒！為什麼呢？因為當你解決了一個個的難題後，就會取得一個個的勝利，這些勝利就像是那成功之梯上的一個個臺階，愈往上攀登，你愈越接近成功。因此，在遇到難題的時候，你該感到興奮，用積極的心態去抓住這個難題，解決這個難題，每當你取得解決一個難題的勝利時，你就強大了一點。長此以往，你會變得更豁達、更成功。

碰到難題暫停一下，把這個問題思考清楚，要相信「人的頭腦力量是無窮的，能在緊急時刻發揮出無限大的能量」，相信自己的能量，相信自己的思想能控制住不良情緒，從而調節好態度。

小練習

任何人都會遇到一些難題，因為世界是不斷變化的，變化是一條無情的自然規律。自然規律我們無法改變，但是對你來說，你要明白最重要的一點：你的心態決定著你的成敗。學會調節自己的心態，控制住自己的情緒，積極的態度或是消極的態度都是你能決定的。當你選擇用積極的心態去應對變化和挑戰的時候，你定能機智地解決你所面臨的每一個難題和挑戰。

脫離舊軌道，打開新局面

有人說：「我不知道世界上是誰第一個發現了水，但肯定不是魚。因為牠一直生活在水中，所以始終無法感覺水的存在。」

其實，人類社會中的很多現象蘊含著與之相同的道理。生活中有很多可以創新的空間，但由於受傳統思維方式的限制，我們往往視而不見或盲目排斥，遏制了創新的空間。敢於創新，要有打破常規的勇氣，要與慣性思維作鬥爭，還要保持對人、對物的敏感性和好奇心。不敢越過雷池一步，就永遠跳不出條條框框的制約。

傳說很久很久以前，人類都還赤腳走路。而鞋子的誕生，就來源於一位僕人突破固定思維模式的創新。

一位國王到某個偏遠的鄉間旅遊，由於路面崎嶇不平，有很多碎石頭刺得他的腳底板又痛又麻。回到王宮後，他下了一道命令，要將國內所有的道路都鋪上一層牛皮。他認為這樣做，不只是為自己，還可造福他的子民，讓大家走路時不再受刺痛之苦。

但是，哪來這麼多的牛皮呢？即使殺光所有的牛，也湊不到足夠的皮革啊！而且所花費的金錢、動用的人力，更不知道有多少。這個辦法是非常愚蠢且所有人合力也無法做到的，但因為是國王的命令，大家也只能搖頭嘆息。

這時，一位聰明的僕人大膽地向國王提出建議：「國王啊！為什麼您要勞師動眾犧牲那麼多頭牛，花費那麼多金錢呢？您何不只用兩小片牛皮包住您的腳呢？」

國王聽了很驚訝，因為這確實是一個更高明的辦法。他立刻收回成命，採納這個建議。於是，世界上就有了皮鞋。

當我們發現自己前方的路走不通時，可以透過思考，勇於質疑，換一種思維，便能夠取得意想不到的收穫。否則，或許我們直到今天仍然光著腳走在牛皮鋪墊的路上。

在我們的世界裡，有創造力的人到處都有出路，到處都需要他。但模仿者、追隨者、因循守舊者，絕少有開闢新路的希望，也不會受到人們的歡迎。世界上更需要的是具有創造力的人，因為他們能脫離舊的軌道，能打開新的局面。標新立異的人會向著灑滿陽光的大道走去，他們不會去做已經有許多人投入的工作，也不會用別人所用過的方法，他們只是按照自己的思維，做著他們自己的事情。

對於試圖成功的人來說，必須明白人們為了取得對尚未認識的事物的認識，總要探索前人沒有運用過的思維模式和行動方法，尋找沒有先例的辦法和措施去分析認識事物，從而獲得新的認識和方法，鍛鍊和提高人的辦事能力。

這個時代並不欠缺機會，而是欠缺創意。只要你有新奇的想法，並付諸行動，就已經成功了一半。在生活的每個角落裡，都隱藏著一些新鮮的東西，如果我們能夠想到這一點，不斷地從偶然的機會中挖掘對自己有用的資訊，不斷開發自己的創新能力，就能夠打破思維的桎梏，使自己的生活和工作都更有創意。

小練習

人們在一定的環境中工作和生活，久而久之就會形成一種固定的思維模式，使人們習慣於從固定的角度來觀察、思考事物，以固定的方式來接受事物，也就是人們的思維局限於既有的資訊或認識，這就形成了思維定勢。思維定勢有時有助於問題的解決，有時會妨礙問題的解決。

機會常在生活中跟你玩躲貓貓

偉大的真理都包含在最普通的日常生活經驗中，同樣，真正的機會也經常藏匿在一些生活瑣事中。

美國企業家傑佛瑞，曾講起他少年時的一段經歷。在傑佛瑞十三歲時，他在父母經營的加油站工作。有段時間，每個禮拜都有一位老太太開著她的車來清洗和打蠟。這台車的車內地板凹陷極深，很難打掃。而且老太太極難打交道，每次當傑佛瑞把她的車清理乾淨時，她都要再仔細檢查一遍，讓傑佛瑞重新打掃，直到看不見一點灰塵才滿意。終於，有一次，傑佛里實在忍受不了，他不願意再為她提供任何服務。傑佛瑞的父親告誡他：「孩子，記住，不管顧客說什麼或做什麼，你都要學會控制自己的情緒，並以應有的禮貌去對待顧客。」

去問任何人，為什麼不能在他們所從事的行業中獲得更大的成就，這十個人當中，至少有九個人會告訴你，他們並未獲得好機會。你可以對他們的行為做一整天的觀察，以便對這九個人做更進一步的正確分析。我敢保證，你將會發現，他們在一天的每個小時當中，正不知不覺地把自動來到他們面前的良好機會放棄掉了。所以要想抓住機會，獲得成功，千萬不能放棄身邊生活中的瑣事。

現實生活中，只有積極主動的人才能在瞬息萬變的競爭環境中贏得成功，只有善於展示自己的人才能在工作中獲得真正的機會。

小練習

成功的人善於發現機會，創造機會，而那些失敗者只是一味地等待機會，任憑好的機會擦肩而過。真正的機會經常藏在看來並不重要的生活瑣事中，讓那些不善於發現它的人在不自覺中錯過了。

第六章　如何扭轉少變遷

第五章

改變命運的內在

我們的內心會促使我們不甘沉淪，所以，從內在出發，一切會所向無敵。

沒有目標，生命之船不會出航

古羅馬哲學家塞內卡有句名言說：「如果一個人活著不知道要駛向哪個碼頭，那麼任何風都不會是順風。有人活著沒有任何目標，他們在世間行走，就像河中的小草，他們不是行走，而是隨波逐流。」

在生活的海洋中，要想做一個成功的舵手，首先必須確立明確的人生目標。人生沒有明確的目標，生活就會盲目漂移，做事就沒有方向感，從而敷衍了事，臨時湊合，也就失去責任感。沒有目標，英雄便無用武之地。

有一個年輕人，大學期間表現一直非常優秀，他成績優異，同時又具有很強的組織能力，人際關係也不錯。但是，大學畢業之後他換了好幾份工作，對自己的工作依然很不滿意，於是他跑來向管理專家諮詢。他期待能找到一份稱心如意的工作，改善自己的生活處境。

「那麼，你到底想做點什麼呢？」專家問。

「我也不太清楚。」年輕人猶豫不決地說：「我還從沒有考慮過這個問題。我只知道我的目標不是現在這個樣子。」

「那麼你的愛好和特長是什麼呢？」專家接著問，「對於你來說，最重要的是什麼？」

「我也不知道。」年輕人回答說：「這一點我也沒有仔細考慮過。」

「如果讓你選擇，你想做什麼呢？你真正想做的是什麼？」專家仍對這個話題窮追不捨。

「我真的說不準。」年輕人困惑地說，「我真的不知道我究竟喜歡什麼，我從沒有仔細考慮過這個問題，我想我確實應該好好考慮考慮了。」

「那麼，你看看這裡吧。」專家說：「你想離開你現在所在的位置，到其他地方去。但是，你不知道你想去哪裡，你不知道你喜歡做什麼，也不知道你到底能做什麼。如果你真的想做點什麼的話，那麼，現在你必須拿定主意。」

專家和年輕人一起進行了徹底的分析。專家對這個年輕人的能力進行了測試，他發現這個年輕人對自己所具備的才能並沒有充分的了解。專家知道，對每一個人來說，才能是不可缺少的，但更重要的是施展才能的空間。只有明確了奮鬥目標，才知道自己要朝著哪個方向努力。

接下來，專家幫助這個年輕人認真分析了他的優勢和缺點，然後啟發他去創造自己的人生理想，並幫他制訂了詳盡的計畫。現在，他已經知道他到底想做什麼，知道他應該怎麼做。他懂得怎樣才能事半功倍，他期待著收穫，他也一定能獲得成功——因為沒有什麼困難能擋住他對實現目標的渴望。這位年輕人滿懷信心地踏上了成功的征途。

現實生活中有一種人，天資聰慧，後天又接受了良好的家庭薰陶和學校教育，但忙碌一生卻一事無成，這樣的「懷才不遇」不得不令人困惑。其實，他們難以成功的原因很簡單，因為他們沒有目標，導致人生的航船迷失了方向，所有的才華也都沒有了發揮的空間。

目標引領人生，沒有目標的人生是可悲的，時光只會在其實，很多人難以成功的原因很簡單：因為他們沒有目標，導致人生的航船迷失了方向，所有的才華也都沒有了發揮的空間。

漫不經心中讓歲月白白流逝。即使你擁有令人仰慕的才華，即使你一天到晚忙得滿頭大汗，但如果不知道自己的終點在何方，那麼你所有的忙碌都只是虛度，滿腹才華也不會有用武之地，到最後你仍然會一無所成而受人憐憫。因此，我們每個人都需要為自己樹立一個目標。

小練習

人的一生，要想走向成功，必須有自己的目標，如果沒有目標，便猶如大海上沒有舵的帆船或看不到燈塔的航船，就會在暴風雨中茫然不知所措，以至迷失方向，無論怎樣奮力航行，終究無法到達彼岸，甚至船破舟沉。

決定好的事，就要做出個成績

任何一件事情，無論它有多麼艱難，只要你認真去做，全力以赴去做，就能化難為易。一個人比較成功，一定是他比較認真。假如一個人還沒有成功，那他一定還不夠認真。認真就是自己用生命，用真實的感情，用全部的熱情堅持不懈地去做一件事的態度。

一九九〇年九月一八日，國際奧運會做出決定，美國亞特蘭大城市獲得了一九九六年第二六屆奧運會的主辦權。這一切要歸功於美國亞特蘭大奧運會組委會主席比利・佩恩的偉大勇氣與不懈的努力。

一九八七年，當比利最初產生申辦奧運的想法時，他的朋友都懷疑他喪失了理智。當時很少人知道的亞特蘭大市看上去似乎沒有一點申辦成功的希望，因為一九九六年是奧運會的一百週年，人們都認為舉辦地將回歸到奧運會的故鄉——希臘的雅典。還有，自從第二次世界大戰後，奧林匹克運動會恢復以來，還從來沒有過第一次申奧就能成功獲得舉辦權的先例，況且美國剛剛舉辦了一九八四年的奧運會。

比利・佩恩放棄了律師合夥人的職業，用自己擁有的財產做抵押取得一筆貸款來維持家庭開銷，並以最大的努力獲得了市長的大力支持，組成了一個合作小組，然後又用極大的熱情說服了眾多大公司向他們的小組投入了資金，並且在世界各地巡迴演講以尋求支持。他們邀請國際奧運會的代表共進晚餐，以增進代表們對亞特蘭大的了解。

比利・佩恩每月有二十天遊說於世界各地。他沒有薪水和車馬費，他只是努力地行動著，爭取使他的夢想成為現實。經過兩年多的努力，比利・佩恩和同伴們的努力贏得了回報，國際奧運會打破了傳統做法和慣例，將一九九六年奧運會的主辦權交給了第一次提出申請的美國城市——亞特蘭大。

「有意識地做出決定，從自己的失敗中學習經驗教訓，最終我們實際上是靠自己來做事的。」比利和他的團隊之所以取得這樣的成功，就是因為他們非常明白這個道理。無論期待怎麼樣的結果，都只有在真正行動之後才會出現。

我們通常認為的成功人士，往往都是能夠沉住氣、堅持不懈的人，凡是他們認定的事，都會堅持地做下去，認真地去做，並且還要做到最好。即使中間遇到再大的困難，也決不放棄。

比利曾這麼說道：「我一直都不喜歡周圍消極的人，因為我不需要有人經常提醒我們成功的可能性不大，我們需要那些積極向我們提供策略和解決問題方法的人。有意識地做出決定，從自己的失敗中學習經驗教訓，最終我們實際上是靠自己來做事的。」

例如，小紅從大學畢業後，來到一個研究所，這個研究所的大部分人學歷都比小紅來得高，讓小紅感到壓力很大。

工作一段時間後，小紅卻發現研究所裡大部分人並不是很認真工作，他們不是虛度光陰，就是忙著自己私底下做「第二份工作」。

而小紅卻沒有像那些人一樣，他覺得既然自己在這裡工作，就要好好做，一定要做出成績。

於是小紅一頭栽進工作中，從早到晚埋頭苦做。他的學術水準提高得很快，不久就成了研究所裡的「頂樑柱」。時間一長，小紅逐漸受到所長的重用，所長開始認為，若小紅有一天離開，工作上就好像失去了左膀右臂。於是不久，小紅便被提升為副所長，而年老的所長年事已高，所長的位置也在等著他。

在通往成功的道路上，大多數人更多關注的是才能的積累和機遇的把握，卻忘了「認定的事情要認真做到底」這樣一個簡單的道理。做事要沉住氣，腳踏實地地努力，比大多數人多一些韌性、多一份堅持、多一點認真，唯有如此，才能為成功積累更多的經驗和資本。

小練習

不積腳步，無以至千里；不積小流，無以成江海。那些看起來平凡瑣碎的工作，只要能以認真、持久的態度去做，就會變得非凡。這種認真的精神是一種持續的力量，是真正的能力，是事業成功的墊腳石，也是實現人生價值的最佳途徑。那些成功的人，無一不是在平凡中專心致志，認真地提升自己的價值，最終將平凡的生命變得非凡。

只有改變自己，才能改變世界

有時候我們常常會抱怨這個世界不公平，其實這往往是自身的原因造成的。有時候我們常常幻想改變世界，結果就闖得頭破血流。嘗試一下改變自己，世界很可能就會變得美好起來。

改變別人事倍功半，改變自己事半功倍。奇蹟，往往從改變自己開始！

在威斯敏斯特教堂的地下室裡，英國聖公會主教的墓碑上寫著這樣的銘文：

「當我年輕自由的時候，我的想像力沒有任何局限，我夢想改變這個世界。

當我漸漸成熟明智的時候，我發現這個世界是不可能改變的，於是我將眼光放得短淺了一些，那就只改變我的國家吧！

但我的國家似乎也是我無法改變的。

當我到了遲暮之年，抱著最後一絲努力的希望，我決定只改變我的家庭、我親近的人——但是，唉！他們根本不接受改變。

現在在我臨終之際，我才突然意識到：如果起初我只改變自己，接著我就可以依次改變我的家人；然後，在他們的激發和鼓勵下，我也許就能改變我的國家。再接下來，誰又知道呢，也許我連整個世界都可以改變。」

這段墓碑上的銘文令人深思。俄國作家托爾斯泰也說過類似的話：「全世界的人都想改變別人，就是沒人想改變自己。」別說命運對你不公平，其實上帝為每個人都分配了美好的將來，只是看你有沒有掌握住自己的人生了。有的人用習慣的力量讓自己抓住了命運的手。有的人雖然最初與命運擦肩而過，但是他們改變了自己，又讓命運轉回了微笑的臉。

原一平，美國百萬圓桌會議終身會員，榮獲日本天皇頒贈的「四等旭日小綬勳章」，被譽為日本的推銷之神，但其實他小的時候是以脾氣暴躁、調皮搗蛋、叛逆頑劣而惡名昭彰的，被人們稱為無藥可救的「小太保」。

在原一平年輕時，有一天，他來到東京附近的一座寺廟推銷保險。他口若懸河地向一位和尚介紹投保的好處。和尚一言不發，很有耐心地聽他把話講完，然後以平靜的語氣說：「聽了你的介紹之後，絲毫引不起我的投保興趣。年輕人，先努力去改造自己吧！」

「改造自己？」原一平大吃一驚。

「是的，你可以去誠懇地請教你的投保戶，請他們幫助你改造自己。我看你有慧根，倘若你按照我的話去做，他日必有所成。」

從寺廟裡出來，原一平一路思索著和尚的話，若有所悟。接下來，他組織了專門針對自己的「批評大會」，請同事或客戶吃飯，目的是為讓他們指出自己的缺點。

原一平把所有可貴的忠言逆耳一一記錄下來。透過一次次的「批評」，他把自己身上那一層又一層的缺點一點點剝落掉。

與此同時，他總結出了含義不同的三十九種笑容，並一一列出各種笑容要表達的心情與意義，然後再對著鏡子反覆練習。

原一平開始像一條成長的蠶，在悄悄地蛻變著。

最終，他成功了，並被日本國民譽為「價值百萬美金笑容的小個子」。美國著名作家奧格・曼狄諾稱之為「世界上最偉大的推銷員」。

「我們這一代最偉大的發現是，人類可以由改變自己而改變命運。」原一平用自己的行動印證了這句話。有些時候，應該迫切改變的或許不是環境，而是我們自己。從幼稚到成熟是改變自己，從懦弱到勇敢是改變自己，從平凡到偉大、從拒絕到接納、從厭惡到熱愛……都是對自己的改變。

想獲得新生活，就必須改變自己，勇於突破，而不能總是原地踏步。當你抱著積極的心理態度時，世界在你面前便勢必要低頭。

小練習

現實生活中，我們經常會身處在一個陌生、被動的世界中，而這個世界本身往往又是不容易被改變的。這時正確的做法就是適應這個世界，在適應中改變自己、提升自己。正如一句話所說的：「自己的命運掌握在自己手中。」當你無法改變身處的這個世界時，就應該以一種積極向上的態度去適應它，當你付出勤奮努力後，便會發現成功已悄然來臨。

許多事後悔無用，更無法回頭

在人生的旅途中，我們常常會花費很多的時間回首往事，儘管回憶讓我們幸福過，快樂過，慚愧過，痛苦過，悲傷過……但更多是讓我們明白了不少道理，人生沒有回頭路，也沒有後悔藥。

很久以前，蘇格拉底的幾個學生向老師請教人生的真諦。充滿智慧的蘇格拉底把他們帶到麥田邊，這時正是穀物成熟的季節，田地裡到處都是沉甸甸的麥穗。「你們各自順著一行麥田從這頭走到那頭，每人摘一個自己認為是最大最好的麥穗。不許走回頭路，不許做第二次選擇。」蘇格拉底神祕地說。

學生們在穿過田的整個過程中，都十分認真地進行著選擇。等他們到達田池的另一端時，老師已在那裡等候著他們。

「你們是否都完成了自己的選擇？」蘇格拉底問。

學生們你看著我，我看著你，都不回答。

「怎麼啦？孩子們，你們對自己的選擇滿意嗎？」蘇格拉底再次問。

「老師，讓我再選擇一次吧！」一個學生請求：「我走進麥田時，就發現了一個很大很好的麥穗，但是，我還想找一個更大更好的。可當我走到最後，卻發現第一次看見的那個麥穗就是最大的。」

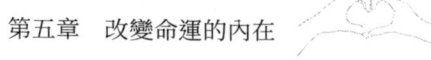

另一個學生緊接著說：「我和他恰巧相反，走進麥田不久就摘下了一個我認為是最大最好的麥穗。可是後來我發現，麥田裡比我摘下的更大更好的麥穗多的是。老師，請讓我也再選擇一次吧！」

「老師，讓我們都再選擇一次吧！」其他學生一起請求。

蘇格拉底堅定地搖了搖頭：「孩子們，沒有第二次選擇，這是遊戲規則。」

當你做了一件令你後悔的事後，才明白錯了；當你選擇了一條路後，才發現南轅北轍。別把一切希望放在回頭上，因為人生從來都不可能有回頭路。

既然做過也走過了，也就別無選擇。人生真正的靠山是自己，只有你的選擇是對的，你的靠山才會是好的。

小練習

不論做什麼事，第一次做不好還可以再來一次，甚至第三次，直至做好為止。唯獨人生不能重來一次，就如同坐火車，沿途的風景讓你盡收眼底，如果你心不在焉，錯過了也就永遠失去了。可見，人生沒有彩排的環節，它不像演戲，排練不好可以重排一次、二次，直至盡善盡美。人生只有前進，沒有後退，錯過了就永遠錯過了，再也不會回到從前。

積極主動，才能受機遇的青睞

很多人常常認為只要準時上下班，不遲到不早退，完成工作了，就可以心安理得地去領取屬於自己的那份酬勞。其實，無論工作還是生活，首先是一個心態和態度的問題，生活需要熱情和行動，工作需要努力和勤奮，但更需要一種主動進取、自動自發的精神。積極主動的人，將會獲得更多的機會。

小亮與小陳一起進入一家速食店，當了服務生。他倆的年齡一樣大，也拿著同樣的薪水。可是工作時間不長，小亮就得到了老闆的嘉獎，很快被加薪，而小陳卻仍在原地踏步。面對小陳和其他服務生的牢騷與不解，老闆讓他們站在一旁，看小亮是如何完成服務工作的。

在冷飲櫃檯前，顧客走過來要一杯飲料。小亮微笑著對顧客說：「先生，你要在飲料中加入一個還是兩個雞蛋呢？」

顧客說：「哦，一個就夠了。」

這樣，速食店就多賣出一個雞蛋——在飲料中加一顆雞蛋是要額外收錢的。

觀察完小亮的工作後，老闆說道：「據我觀察，我們大多數服務生是這樣提問的：『先生，你要在你的飲料中加一個雞蛋嗎？』而這時顧客的回答通常是：『哦，不，謝謝。』對於一個能夠在工作中主動發現問題、主動解決問題的員工，我沒有理由不幫他加薪。」

主動是成功人士的積極行為，它是成功的一種方法，主動的人總能以最快的速度獲得機會。生活中，那些格局大、成就高的人無一不是積極主動的人，他們確信自己有能力完成任務。這種人的熱情是發自內心的，而不是來自他人。也就是說，他們不是憑一時衝動做事，也不是只為了博得他人的稱讚，而是自動自發地、不斷地追求完美。

「把握今天就等於擁有兩倍的明天。」要以把今天的事情做完、做好的心態來對待你現在的事情。如果你現在已經在想了，那就立即行動，只有現在是可以把握的，只要做下去就好，在做的過程中，你的心胸就會愈來愈開闊，並獲得成功的機會。

千萬不要只在別人注意你時才假裝主動表現，這樣你永遠無法達到事業的頂峰。最嚴格的表現標準應該是由自己設定的，而不是由別人要求的。如果你對自己的期望比別人對你的期望還高，那麼你就無須擔心會失去工作和別人的信任。成功是積極努力的結果，不論何種職業，想攀上頂峰，通常都需要經過漫長時間的積極努力和精心的規劃。

小練習

能自動自發、具有主動進取精神的人，在任何崗位都能獲得成就。而那些消極被動地對待生活、工作，對任何事情都要尋找種種藉口的人，是注定與成功無緣的。想又快又好地完成任務，最重要的一條就是要克服被動工作的習慣。擁有自覺自願美德的人，肯定會獲得世界贈與他的成就獎。假如領導者的周圍缺乏主動工作者，你如果具有強烈的主動工作精神，那麼你自然能得到重視，並被重用。

沒有野心，肯定不會有成就

野心是人性格的特徵之一。有野心的人，可以說已經成功了一半；無野心的人，往往注定要平庸一生。野心是無畏、奮進的特效藥，野心有多大，你的成就將會有多大；野心有多遠，你將會走多遠。

有一天，小雅去拜訪畢業後多年未見的老師。老師見到她很高興，就詢問她的近況。這一問，引發了小雅一肚子的委屈。小雅說：「我對現在做的工作一點都不喜歡，與我所學也不相符，整天無所事事，薪水也很低，只能維持基本的生活。」老師吃驚地問：「妳的薪水如此低，怎麼還無所事事呢？」

「我沒有什麼事情可做，又找不到更好的發展機會。」小雅無可奈何地說。

「其實並沒有人束縛妳，妳不過是被自己的思想控制住了，明明知道自己不適合現在的位置，為什麼不去學習其他的知識，找機會自己跳出去呢？」老師勸告小雅。

小雅沉默了一會說：「我運氣不好，什麼樣的好運都不會降臨到我頭上的。」

「妳天天夢想能有好運，卻不知道機遇都被那些勤奮和跑在最前面的人搶走了，妳永遠躲在陰影裡走不出來，哪裡還會有什麼好運？」老師嚴肅地說：「一個沒有進取心的人，永遠不會得到成功的機會。」

如果一個人安於貧困，視貧困為正常狀態，不想努力掙脫貧困，那麼在身體中潛伏著的力量就會失去它的效能，這人的一生便永遠不能脫離貧困的境地。貧窮本身並不可怕，可怕的是有貧窮的思想。

法國富翁巴拉昂去世後，《科西嘉人報》刊登了他的一份很特別的遺囑：「我曾是窮人，但當我去世走進天堂時，我卻是一個大富翁。在跨入天堂之門前，我不想把我的致富祕訣帶走。在法蘭西中央銀行，有我一個私人保險箱，那裡面藏有我的祕訣，保險箱的三把鑰匙在我的律師和兩位代理人手中。誰若能透過回答「窮人最缺少的是什麼」而猜中我的祕訣，他將得到我的祝賀。當然，那時我已不可能從墓穴中伸出雙手為其睿智歡呼，但他可以從那只保險箱裡榮幸地拿走一百萬法郎，那是我給予他的掌聲。」遺囑刊出後，《科西嘉人報》收到大量信件。絕大部分的人認為，窮人最缺少的是金錢。窮人還能缺少什麼？當然是錢了。還有一部分人認為，窮人最缺少的是機會，窮人最缺少的是技能，窮人最缺少的是幫助和關愛。總之，答案五花八門。

一年後，也就是巴拉昂逝世週年紀念日，律師和代理人按巴拉昂生前的交代，在公證部門的監督下打開了保險箱。在四萬八千五百六十一封來信中，一位叫蒂勒的小女孩猜對了巴拉昂的祕訣。蒂勒和巴拉昂都認為，窮人最缺的是野心，成為富人的野心。

頒獎之日，主持人問九歲的蒂勒，為什麼想到野心，而不是其他。她說：「每次，我姐把她十一歲的男友帶回家時，總是警告我『不要有野心！不要有野心！』我想，也許野心可讓人得到自己想得到的東西。」

野心絕不是成就，但沒有野心，肯定不會有成就。窮人缺少的不是金錢，而是因為甘於貧窮，喪失了野心。

小練習

如果一個人把時間都用在了閒聊和發牢騷上，就根本不會想用行動改變現實的境況。對於這樣的人來說，不是沒有機會，而是缺少一點野心。當別人都在為事業和前途奔波時，他只是茫然地虛度光陰，根本沒有想到跳脫誤區，結果只會在失落中徘徊。

只有靜下來，幸福才會來

拿破崙曾統兵數百萬，所到之處戰無不勝、攻無不克，但是他說：「我就是勝不過我的脾氣！」

是的，人往往「勝不過自己的脾氣」。在遇到感情挫折、情緒困擾時，就是想不開、鑽牛角尖，以至怒火中燒，逼自己走上極端。可是，人必須懂得情商中最重要的「情緒忍耐度」，也要知道「脾氣來了，福氣就沒了」，我們不能讓自己處於氣憤不已的狀態，要懂得「讓情緒換跑道」，絕不能使「情緒的癌細胞擴散」啊！

我們必須要知道，遇到衝突生氣時，一定要處理好心情，再處理事情。「凡事多思考，切勿輕易發怒」，而且，「不要急著說，不要搶著說，而是要想著說！」畢竟，人活著，不是要「鬥氣」，而是要「鬥志」！人活著，不是要比「氣盛」，而是要比「氣長」！人活著，不是要「爭一時」，而是要「爭千秋」啊！

想一想，「我」這個字是哪兩部分的組合？是「手」和「戈」！老祖先造字真有創意，「手拿著刀劍、干戈和武器」，竟然就變成「我」這個字。所以，人常常是很自私、很防衛的，誰冒犯我、惹我、欺負我，我就拿「武器」和他拚命。

可是，這樣值得嗎？

有個輟學的年輕人無所事事搞幫派，為了搶地盤，十九歲就把昔日同學砍死；而一名女研究生，為了博士班的男友，也把同班好友（情敵）用化學藥劑害死；有一位父親在暴怒時，一時失控一巴掌把小女兒打到耳膜破裂，造成終身耳聾！正如有人所說：「憤怒，是片刻的瘋狂！」

我們不能讓自己的情緒只有「幼稚園的程度」，我們必須學習「轉念」，「少點怨、多點包容」，「多灑香水、少吐苦水」，讓負面的情緒遠離，而用樂觀的正面情緒來迎接人生。我們也必須了解「人際溝通」的重要，因為「山不需要依靠山，但是，人需要依靠人」，讓我們珍惜每次相遇、相處的機會，學會「給人信心、給人歡喜、給人方便」；同時，也別忘記生活不怕嚴厲批評，喜悅來自真心接納！

人生來就沒有太大的區別，由於心態的不同卻產生了不同脾氣的人，甚至造就了完全相反的命運，因此，一個人的性情往往會關係到一個人的命運，要想時刻都生活得快樂，能夠遊刃有餘地處理好各種事情，那就讓自己的情緒永遠都在自己的掌控之中。

小練習

當人們心情愉快時，他的工作是富有創造力的，能夠很容易地處理好各種事情。當人們心情沮喪時，往往表現也不盡人意，甚至非常糟糕。不要時常為打翻的牛奶而哭泣，後悔只會導致抑鬱的心情。所以你內心如果是灰色的話，世界也會把灰色的一面展現在你面前，而你內心明亮則世界也會五彩斑爛。

從知識到見識，從見識到膽識

膽識的前提是勇氣。倘若沒有排除萬難、堅忍不拔的勇氣，那一切知識便立刻灰飛煙滅，沒有勇氣做支撐的知識是一盤散沙，無用武之地。

關於知識、見識和膽識，字典裡給出了解釋，知識的意思是人們在改造世界的實踐中所獲得的認識和經驗的總和；見識的意思是見聞、知識，膽識的意思是膽量和見識。

知識大部分是書本上得來的，基本上屬於理論範圍；見識是在知識的基礎上有一定的實踐；而膽識則是人的能力和魄力，是才華和知識的集合。知識的內容包羅萬象，所涉及的範圍廣泛。而見識是平時我們對身邊周圍社會和事物的觀察、思考和積累的程度，是一個人透過參與社會實踐所獲得的認識和經驗的積累。所謂見多識廣者多是那些有著豐富經驗的人。此外，見識還意味著一個人對事物認識的維度，即深度、高度和廣度。

在一個釣魚池旁邊，有一群喜歡釣魚的人正在垂釣。似乎每個人的運氣都很不好，沒有一條魚上鉤。當其中一位先生釣到一條大魚時，大家都為他喝彩。而這位先生表情卻非常奇怪，他兩手捧著魚，目測魚的大小後，竟搖著頭將魚放回魚池。雖然周圍的人都很驚訝，但畢竟這是人家的自由，大家也只好若無其事地繼續垂釣。

接著，這位先生又釣上一條大魚，他看了一下又把牠放回魚池裡。等到第三次這位先生又釣到一條小魚時，他才露出笑臉將魚放進了自己的魚箱裡，準備回家。這時有一位老人問：「雖然來這裡釣魚的人只是為了盡興，但你的行為真不可思議。前兩次釣上來的大魚你放回水裡，而第三次你釣上來的魚非常小，在任何一個魚池裡都可以釣到，你卻非常滿意地將它放到魚箱裡，這是為什麼呢？」

而這位先生回答：「因為在我家所有的盤子中，最大的盤子只能放這麼大的魚。」

人常常在不知不覺中以目前僅有的見識來祈求自己所希望得到的東西。人生僅有一次，如果只相信「小盤子」，得到的將會只是一個狹窄的人生。面對人生所謂的「小盤子」，應該發揮廣大的思維，慢慢將它擴大為「大盤子」，拓展更寬廣的人生。

一個人對事物的洞悉能力和感知能力常常來源於他的見識。常言道，讀萬卷書不如行萬里路，行萬里路不如閱人無數，閱人無數不如重疊成功人的腳步。見識是一般人想不到的辦法。接受教育，不間斷地學習是進行知識積累的過程；把學到的知識直接或間接地在實踐中去運行闡釋，借鑑正反兩方面的經驗，遇事多分析、多總結，自然減少了無知的盲目舉動和不知所措的愚蠢行為，這就是見識，是充滿了聰明智慧的。學習的知識透過實踐經歷的釀造不斷沉澱，逐漸有了重量，那麼具有個人風格的見識便於實踐中形成了。見識是知識在實踐中淬煉出的美麗結晶。

膽識是將膽量和見識合二為一的綜合體。不管是做一個重要決定，還是在舞臺上面對觀眾，無論是在工作中還是生活中，每個人都會經受這樣的考驗，關鍵時刻，有沒有膽量站在一個嶄新的高度，迎接某些原本自己能力達不到的挑戰。最後使你堅定並堅持下來的力量，是一種犀利的眼光、堅強的意志以及明智的選擇，這便是膽識。膽識是人的一種勇氣和能力。

小練習

有膽量才會有突破，有突破才會有創新。然而倘若沒有知識和見識為勇氣打底，那勇氣只是匹夫之勇或意氣用事。而只有知識和見識，那麼只能紙上談兵或望梅止渴。有了知識和見識的勇氣才是膽識，「有膽無識狂為勇，有識無膽多空談」。做一個有膽有識的人，不但要積累知識、增長見識，更要有必勝的勇氣和決心，有敢於挑戰的膽量。

希望和欲念，是最好的動力來源

希望和欲念是生命不竭的原因所在。記住無論在什麼境況中，我們都必須有繼續向前行的信心和勇氣，生命的動力在於我們能永遠保持不滅的渴望。

有一位老人剛好一百歲，不僅功成名就，子孫滿堂，而且身體硬朗，耳聰目明。在他百歲生日的這一天，他的子孫齊聚一堂，熱熱鬧鬧地為他祝壽。

在祝壽進行中，一個孫子問：「爺爺，您在那麼多領域做出了那麼多的成績，您最得意的是哪一件呢？」

老人想了想說：「是我要做的下一件事情。」

另一個孫子問：「那麼，您最高興的一天是哪一天呢？」

老人回答：「是明天，明天我就要著手新的工作，這對於我來說是最高興的事。」

這時，老人的一個孫子，雖然還三十歲不到，但已是名聞天下的大作家了，站起來問：「那麼，最令您感到驕傲的子孫是哪一個呢？」說完，他就豎起耳朵，等著老人宣布自己的名字。

沒想到老人竟說：「我對你們每個人都是滿意的，但要說最滿意的人，現在還沒有。」

這個孫子的臉紅了，他心有不甘地問：「您這一輩子，沒有做成一件感到最得意的事情，沒有過一天最高興的日子，也沒有一個令您最滿意的後輩，您這一百年不是白過了嗎？」

此言一出，立即遭到了幾個叔叔的斥責。老人卻不以為意，反而哈哈大笑起來：「我的孩子，我來為你說一個故事。一個在沙漠裡迷路的人，就剩下半瓶水。整整五天，他一直沒捨得喝一口。後來，他終於走出大沙漠。現在，我來問你，如果他當天喝完那瓶水的話，他還能走出大沙漠嗎？」

老人的子孫們異口同聲地回答：「不能！」

老人問：「為什麼呢？」

作為作家的孫子說：「因為他會喪失希望和欲念，他的生命很快就會枯竭。」

老人問：「你既然明白這個道理，為什麼不能明白我剛才的回答呢？希望和欲念，也正是我生命不竭的原因所在呀！」

美國基督教布道家葛理翰說：「只要態度夠急切，什麼都可以得到；渴求的時候必須讓內心的熱望滿盈外溢，並且與創造大地的能量彼此結合。」欲念一旦被正確利用就是前進的力量，扼殺欲望或過於容易滿足會讓人停止行動的腳步，成為真正的平庸者。

小練習

如果你不甘心成為一個平庸之人，希望比別人做得更好，那麼你就要比常人付出更多，讓你自己在芸芸眾生中脫穎而出，顯出你的與眾不同。你的優秀同樣源於你孜孜不倦的努力與付出。有的人將付出看成是一種負擔，有的人將困難視為絆腳石，總是想辦法挪開它，其實我們可以用另外的一種方式對待它，將它變成基石或者階梯，我們只需要借助它登高望遠。

第六章

改變命運的軌跡

外在會影響你的內在，一個好的外在是你命運的良好開端。

外表是一時的，品格是永遠的

在人的一生中，尤其是年輕時容易犯下的最大錯誤就是被容貌的美醜所束縛而不考慮關係到整個人生的品格之美。而事實證明，依仗外表的人往往因外表而毀滅，仰仗品格的人卻因此而永生。

舉一個例子，在紐奧良的一個廣場上，佇立著一座漂亮的大理石雕像，在雕像上有這樣幾個字：「瑪格麗特雕像，紐奧良。」

在黃熱病瘋狂蔓延的情況下，瑪格麗特活了下來，成了一個孤兒。長大後，她嫁了人，但不久她的丈夫就死去了，她唯一的孩子也死了。她非常貧窮，也沒有受過教育，除了會寫自己的名字外，她幾乎不會寫字。於是，她就去了女子孤兒收容所工作。後來，瑪格麗特在這個城市開了一家自己的麵包店。每個人都認識她，並且資助她購買運送牛奶的小車和烤麵包爐。瑪格麗特非常努力地工作著，節省下每一分錢來幫助那些孤兒。她從來沒有一件正式的衣服，也沒有戴過一雙羊皮手套，她長得也不漂亮，但當她離開人世後，這座城市卻為這位守護孤兒的天使建造了一座美麗的紀念雕像，作為對一個心地美麗無私的人的感激。

瑪格麗特的外表不是美麗的，然而死後，她的美麗卻成了這個城市的象徵。外表的美固然能從視覺上帶給人強烈的衝擊，但外表的美是會消退的，只有內心的美才能永久保存。再舉一個例子：

有一隻孔雀常為自己有一身美麗的羽毛而得意，牠認為自己可以與人類的皇后媲美、比較。遺憾的是，鳥類中幾乎沒有誰把牠當成高貴的皇后來看待。

有一天，有一隻鶴剛好路過孔雀身邊。

「喂，你就不能停下腳步看我一眼嗎？」正在開屏的孔雀喊住了步履匆匆的鶴。

「對不起，我還有很多事等著要做，沒時間欣賞你的羽毛。」鶴說完，又邁開了大步。

孔雀卻攔住了鶴的去路，並嘲笑牠，譏諷牠羽毛的顏色，說：「我的羽毛像個皇后，不僅有金色還有紫色，還具有彩虹所有的色彩，而你呢？你的翅膀上連一點點彩色也沒有。」

「這一點都不錯，但是我一飛沖天，聲音聞於星空，而你卻只能在地下，像雞一樣，在滿是雜草的院子裡，在家禽之間來回閒逛。」

是的，以品格支撐起來的高貴是不需要任何裝飾來加以襯托的。高貴離不開完美的品格，如果沒有良好的道德、品行及善良的內心世界，再漂亮的外表也只能充當擺設而已。也許，在你剛步入職場結識朋友時，外表會幫你隨心所願，但日久見人心，隨著時間的流逝，能讓你漸入佳境的只有品格，而只注重自己外表的人注定只能永遠匍匐於地面。

小練習

生活中，一個人高貴與否，重要的是看他的品行，而不是看他長得如何、穿著怎樣。如果你素質低下，終日遊手好閒，虛度光陰，那麼，即使你全身用名牌武裝，你也無法變得高貴起來。要讓自己變得高貴，首先就得陶冶自己的情操，讓自己成為一個品格高尚的人。

好人品是最高貴的財產

《左傳》中說：「太上有立德，其次有立功，其次有立言，傳之久遠，此之謂不朽。」最上等的，是確立高尚的品德；次一等的，是建功立業；較次一等的，是著書立說。如果這些都能夠長久地流傳下去，就是不朽了。這就是告訴我們，要以道德來規範自己的行為，只有具備優秀品質的人，才能得到人生的樂趣、生命的精彩。

在美國有一個廣泛流傳的故事。美國加州的某間數位公司需要招聘一名技術工程師，有一個叫史密斯的年輕人去面試，他在一間空曠的會議室裡忐忑不安地等待著。不一會兒，有一個相貌平平、衣著樸素的老者進來了。史密斯站了起來。那位老者盯著史密斯看了半天，眼睛一眨也不眨。正在史密斯不知所措的時候，這位老人一把抓住史密斯的手：「我可找到你了，太感謝你了！上次要不是你，我可能就再也看不到我女兒了。」

「對不起，我不明白您的意思。」史密斯一臉迷惑地問道。

「上次，在中央公園裡，就是你把我那失足落水的女兒從湖裡救上來的！」老人肯定地說道。

史密斯明白了事情的原委，原來老人把自己錯當成他女兒的救命恩人了。「先生，您肯定認錯人了！不是我救了您女兒！」

「是你，就是你，不會錯的！」老人又一次肯定地回答。

史密斯面對這個感激不已的老人只能努力解釋：「先生，真的不是我！您說的那個公園我至今還沒去過呢！」

聽了這句話，老人鬆開了手，失望地望著史密斯：「難道我認錯人了？」史密斯安慰老人：「先生，別著急，慢慢找，一定可以找到救你女兒的恩人的！」

後來，史密斯接到了錄取通知書。有一天，他在公司裡又遇見了那個老人。史密斯關切地與他打招呼，問他：「您女兒的恩人找到了嗎？」

「沒有，我一直沒有找到他！」老人說完便離開了。

史密斯心情很沉重，對一旁的司機說起了這件事。不料那司機哈哈大笑：「他可憐嗎？他是我們公司的總裁，他女兒落水的故事講了好多遍了，事實上他根本沒有女兒！」

「噢？」史密斯大惑不解。那位司機接著說：「我們總裁就是透過這件事來選人才的。他說過有德之才便是可塑之才！」

史密斯被錄用後兢兢業業，不久就脫穎而出，成為公司市場開發部總經理，一年為公司贏得了百萬美元的利潤。當總裁退休的時候，史密斯繼承了總裁位置，成為美國家喻戶曉的富豪。後來，他談到自己的成功經驗時說：「一輩子做有德之人，絕對會贏得別人永久的信任！」

世間技巧無窮，唯有德者可用其力；世間變幻莫測，唯有品格可立一生。這就是作為一個成功人士或希望成為一個要以道德來規範自己的行為，只有具備優秀品質的人，才能得到人生的樂趣、生命的精彩。

小練習

人品是人生的加冕和榮耀，它是一個人最高貴的財產，它是人地位和身份的保障，它是一個人在信譽方面的全部財產。人品比財富更具威力，它使所有的榮譽都毫無偏見地得到保障。它伴隨著時時可以奏效的影響，因為它是一個人被證實有信譽、正直和言行一致的結果，而一個人的人品比其他任何東西都更顯著地影響別人對他的信任和尊敬。

想要成功，果斷才會有結果

果斷是指一個人能適時地做出經過深思熟慮的決定，並且徹底地實行這一決定，在行動上沒有任何躊躇和疑慮。記住，果斷是成大事者積累成功的資本。

馬斯克是全球首富，根據富比世的資料，馬斯克身價高達兩千億美元，他擁有電動車公司特斯拉百分之二十一的股票，馬斯克的私人公司太空探索技術公司估值高達一千億美元。在新冠疫情爆發之前，二〇二〇年初，馬斯克財富全球排名第三十五名，但是一年之後，二〇二一年一月，他的財富已經超越了亞馬遜的傑夫・貝索斯和微軟的比爾蓋茲。

隨後馬斯克在四月十四日宣布以每股五十四點二美元，總價四百四十億美元的價格收購推特。他在宣布達成交易的聲明中表示，「言論自由是民主制度正常運作的基石，而推特是一個數字化的言論廣場，可以在這裏辯論對人類未來至關重要的事務。」

馬斯克向推特董事會說明收購案時表示，推特是「全球言論自由的平台」，但是推特現有形式無法履行這個「社會責任」，而「需要轉變成一個私人公司。」馬斯克曾表示，他對推特的興趣主要是想要全面檢討推特內容的管理政策，想要讓推特成為一個自由言論的平台。

馬斯克自己也是推特的活躍用戶，他在推特上一共有超過八千三百三十萬名追蹤者，並對推特的使用功能有許多意見。最近他在推特上發文詢問八千三百三十萬名推特追蹤者推特是否應該允許使用者編輯推文，百分之七十四的回應者表示同意。

果斷是勇敢、大膽、堅定和頑強等多種素質的綜合。果斷是在克服優柔寡斷的過程中不斷增強的，許多人在採取決定時，常常感到這樣做不妥，那樣做也有困難，無休止地糾纏於細節問題，在諸多方案中猶豫不決，陷入茫然不知所措的境地，這就是事前思慮過多的緣故。大事情是需要深思熟慮的，然而生活中真正稱得上大事的並不多。況且，做任何事情，總不能等待形勢完全明朗時才做決定。事前多想固然重要，但「多謀」還要「善斷」。

果斷是在克服膽怯和懦弱的過程中實現的。果斷要以果敢為基礎，特別是在情況緊急時，要求人們當機立斷，迅速做出決定並且執行決定。比如在軍事行動中就需要這樣，因為戰況發生常在分秒之間，要想抓住準確的時機就必須果斷。大方向看準了，有七分把握，就要果斷地下定決心。

小練習

果斷的個性能使我們在遇到困難時消除猶豫和顧慮，勇往直前。

有的人面對困難左顧右盼、顧慮重重。果斷的個性則讓你在困難中沿著明確的思想軌道，擺脫對立的衝突，克服猶豫和動搖心理，堅定地採納在深思熟慮基礎上擬定的克服困難的方法，並立即行動起來同困難作鬥爭，以取得克服困難的最大效果。

人生起點，可以不從基層開始

人生應從什麼樣的高度開始？不少人剛開始找工作時會認為從哪裡開始都一樣，先穩定再說，並野心勃勃地表示不會待多久。遺憾的是，他們中的大多數達到基層後，便很難再有新的發展。

對這個問題，著名的成功學家拿破崙有過很經典的論述，他說：「這種從基層做起，慢慢往上爬的觀念，表面上看來也許十分正確，但問題是，很多從基層開始的人，從來不曾設法抬起頭，以便讓機會之神看到他們。所以，他們只好永遠留在底層。我們必須記住，從底層看到的景象並不是很光明或令人鼓舞的，反而會增加一個人的惰性。」

很多人已經習慣了「腳踏實地」、「從基層做起」，這種想法看起來很務實，有可能最終取得成功，但也可能會前途暗淡，不可預期，使自己喪失了最初的希望和熱情，最後迷失了方向。因為假如一個人每天被一成不變的工作追趕著、壓迫著，就會對自己的工作和生活方式習以為常，最終連從這種生活方式中逃脫出來的欲望都喪失掉了。

只要你覺得自己是可以的，不妨把目標定得高一點，為自己規劃一個更大的夢想藍圖——我們必須知道自己未來想做一個什麼樣的人，並讓自己一開始就盡量向這個目標靠近。

小練習

現實中每一個職場人士，如果有可能的話，要盡量從基層的上一步或上兩步開始，這樣你就會避免基層單調生活的折磨，避免形成狹隘的思想和悲觀的論調，尤其是可以避開低層次的鬥爭。事實也確實如此，在一個較低的層次上，由於資源和機會有限，由於人員素質的參差不齊，競爭與內耗往往十分激烈而且赤裸裸。

做人做事，學會剛柔並濟

曾國藩認為，人不可無剛，無剛則不能自立，不能自立也就不能自強，不能自強也就不能成就一番功業。剛就是使一個人站立起來的東西，是一種威儀、一種自信、一種力量、一種不可侵犯的氣概。由於有了剛，那些先賢們才能獨立不懼、堅忍不拔。「剛」

就是一個人的骨頭，但並不是有了剛就能夠所向披靡，另外還需要「柔」，正所謂剛柔並濟，如此才能更易成事。

人不可無柔，無柔則不親和，無和就會陷入孤立自我封閉，拒人於千里之外。柔就是使人站立長久的東西，是一種魅力、一種收斂。

一塊巨石如果落在一堆棉花上，則會被棉花輕鬆地包在裡面。以剛克剛，兩敗俱傷；以柔克剛，剛柔相濟，則更容易成功。

小凡是一所明星大學的畢業生，她活潑、熱情、大方，她畢業後便挑了一家知名度較高的外貿企業，並如願以償做了公司的文書職員。

小凡挑選這間外貿企業是因為這樣更容易實現自己的抱負——當一名主管。她要在這裡學習外國人先進的管理經驗，同時也累積一點錢財，為日後自己的發展打基礎。因此，從底層做起的思想準備很充分。

小凡所在的辦公室加上她才三個人，一個是四十多歲的查理，一個是與她年齡差不多的艾莉兒。查理是他們之中工作能力最優秀的，經常與主管外出談生意。艾莉兒則忙著處理各種資料，每當電話鈴聲一響，艾莉兒總是要求小凡接聽電話，就算她手頭上的工作再忙也得放下。要是有客戶來，端茶遞水也是小凡的工作。至於業務上的事，任小凡的態度再怎麼謙恭，查理和艾莉兒卻總是充耳不聞，除了是或不是，絕不會多說半個字。

同事間的冷漠是小凡最不理解的，如何適應一個冷漠的環境成了小凡的心病。這樣的事情是每一個踏入新環境，特別是初入職場的人都會碰到的，所以盡量放低姿態，用自己的誠懇打動別人，是你必有的心理準備。小凡的行為體現了這個原則。

在人際交往中，無論表現「剛」與「柔」，都應掌握好分寸，因人而異，摸清對方的心理。切記，「剛」不是為了耍威風，使衝突惡化，而是為了緩和衝突、解決矛盾。要注意禮貌，不說髒話，如果硬過了頭，就會產生糟糕的後果。「剛」到好處為硬而不脆、威而不逼，適時給人臺階下，使衝突圓滿解決。而「柔」呢，雖然感化力強，但局限性大。

對於那些失去良心、失去理智的人，對於吃硬不吃軟的人是無濟於事的。對這些人用柔的策略，無異對牛彈琴，反而被人認為軟弱膽小，助長其囂張氣焰。因此，「柔」的運用也要看對象、分場合，不能一概而論。如此，方能達到剛柔互補、剛柔並濟的效果。

生命的延續是艱難的，為了活下去，一個人必須辛勤地做事。為了發展和成長，必須努力克服挑戰，設法解決許多難題。所以做事要剛，做人要柔，肯吃苦的人，不但精神生活充沛，回報也多。做事能剛，做人能柔的人健康有活力，前程樂人不可無柔，無柔則不親和，無和就會陷入孤立自我封閉，拒人於千里之外。柔就是使人站立長久的東西，是一種魅力、一種收斂。

小練習

為人處世能領悟屈伸之道，自能進退得宜，剛柔並濟，無往不利。能屈能伸，屈是能量的積聚，伸是積聚後的釋放。屈是伸的準備和積蓄，伸是屈的志向和目的。屈是手段，伸是目的。屈是充實自己，伸是展示自己。屈是圓通，是高超的處世技巧；伸能圓滿，是美妙的做人心境。屈是柔，伸是剛。能屈能伸者，英雄之謂也！

放棄蠅頭小利，才能獲得更多

貪婪、自私是人類的劣根性，本性使然。人們在做一件事時，往往會短視，即目光短淺，只顧眼前利益，不顧長遠利益。這就有了中國古代涸澤而漁、焚林而獵的故事，就有了《呂氏春秋．義賞》裡「竭澤而漁，豈不獲得？而明年無魚」的警世名句。無獨有偶，古希臘的《伊索寓言》裡也出現過「殺雞取卵」的故事。這些故事告誡我們，做事切勿飲鴆止渴、因小失大。

一九二〇年代，美國有一位年輕人，他渴望致富，一天到晚想著自己怎樣才能成為百萬富翁。於是，他登門請教當時在富豪榜排名第一的石油公司總裁洛克斐勒。

剛好那天洛克斐勒家裡的傭人放假了，於是洛克斐勒拿出一個西瓜來招待這位年輕人。他把西瓜切成了大小不等的三塊，對年輕人說：「如果這三塊西瓜代表你以後可能得到的不同利益，你如何選擇？」

「當然是最大的那塊！」這位年輕人選擇得十分快，他拿起那三塊西瓜中最大的一塊，吃了起來。洛克斐勒則選擇了其中最小的一塊吃了起來。就在年輕人還在吃著那塊最大的西瓜時，洛克斐勒已經吃完了那塊最小的西瓜，隨手又拿起了另外那塊，朝著年輕人哈哈大笑，之後又把第二塊西瓜也吃完了。

這時，年輕人一下子就明白了其中的道理。雖然年輕人拿的那塊最大，但是洛克斐勒吃的兩小塊加起來，可比年輕人吃的那一塊大多了。

吃完西瓜，洛克斐勒跟年輕人講起了自己成長與發財的經歷。最後，洛克斐勒對年輕人說：「要想成功，你先要學會放棄眼前的那些小利，這樣才能獲取長遠的大利，這就是我的成功之道。」

看了上面這個故事，我們可能會像那個年輕人那樣幡然醒悟。是啊！在很多時候，當我們發現眼前的利益時，我們就會「利慾薰心」，不加思考、毫不猶豫地選擇這個利益而放棄其他，卻沒有想到，那些看似獲利不大的部分竟然價值非凡。

其實，在人生的道路上，通常情況下許多人都會和例子中的年輕人犯同樣的錯誤。

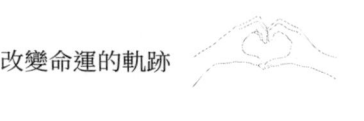

由於太看重眼前的利益，該放棄的時候不捨得放棄，到最後就鑄成了大錯，直至悔恨終生。再舉個例子：

有一隻狐狸誤落陷阱，被獵人布下的陷阱夾住了一隻爪子，牠毫不遲疑地咬斷了小腿，然後逃命。放棄一條腿而保全性命，這是狐狸的哲學。

人生亦應如此，在強大的生活壓力面前，我們主動放棄局部利益而保全整體利益是最明智的選擇。正所謂「魚和熊掌不可兼得」、「兩弊相衡取其輕，兩利相權取其重」，趨利避害，這才是成功者的大格局。

對於每個人來說，想要獲得更大的發展，就要有長遠的戰略眼光，要經受得住眼前的誘惑。只有放棄眼前的蠅頭小利，才能獲得更長遠的發展。

小練習

人類實際上是非常聰明的，可是人們在面對利益誘惑時又常常是不理性的。貪欲使簡單變得複雜，使輕鬆變得沉重，使人深陷泥淖而不能自拔。因此，人不要自以為是，不要自詡聰明，需要用理智克服自身的劣根性，駕馭自己的貪欲。實際上，如果我們能夠放棄眼前的私利，就一定能認清那些潛在的危險。

友善的態度比堅持己見更有力量

現實中最強大的東西不是各種武器，而是一顆友善的心，因為它能夠真正地使人體會到尊重和溫暖。

有一天，太陽和風爭論究竟誰更強大。風說：「我比你更強大，你看，下面那個穿著外套的老人，我打賭可以比你更快讓他把外衣脫下來。」風說完後，便使勁地向著老人吹去，想把老人的外套吹下來，但是它愈吹，老人愈把外套緊緊地裹在身上。

後來，風吹累了，沒力氣再吹了。這時太陽才從雲的背後走了出來，溫暖的陽光照在老人身上。沒有多久，老人就開始擦汗了，並把外套脫了下來。

太陽對風說：「友善比強硬更有力量！」

太陽能比風更快讓老人脫下外套，溫和、友善和讚賞的態度更能使人改變心意，這是咆哮和猛烈攻擊所望塵莫及的。用鬥爭的方法，你會一無所獲，甚至損失慘重；但你若用讓步的方法，結果會讓你喜出望外。

面對同一件事，以兩種不同的態度來對待，結果便會迥然不同。友善的態度更能溫暖人心，更能感動對方，能使對方漸漸改變敵對的想法，這是一味強硬所望塵莫及的。

一九一五年，美國發生了工業史上最激烈的罷工，持續達兩年之久。憤怒的礦工要求小洛克斐勒（洛克斐勒的兒子）管理的科羅拉多燃料與鐵公司提高薪資。由於群情激奮失去了理智，公司的財產遭受損壞，以至軍隊前來鎮壓，釀成流血事件，最後，工人傷亡慘重。令人意想不到的是：在這民怨沸騰、局面幾乎失控的情況下，小洛克斐勒後來卻贏得了罷工者的信服，慢慢穩定了局勢。他花了大量時間走訪工人，嘗試與他們結為朋友，及時向罷工代表發表演講。這次演講不但平息了眾怒，還為他自己贏得了不少讚賞。一切的一切都源於他的一次演講。

下面是他演講的內容：

「這是我一生當中最值得紀念的日子。這是我第一次有幸能和這家大公司的職員代表、公司行政人員和管理人員見面。我可以告訴你們，我很高興站在這裡，有生之年都不會忘記這次聚會。如果這次聚會提前兩個星期舉行，那麼對你們來說，我只是個陌生人，我也只認得少數幾張熟悉的面孔。從上個星期以來，我有機會拜訪附近整個南區礦場的營地，私下和大部分代表談話。我拜訪過你們的家庭，與你們的家人見了面，所以現在我不算是陌生人，可以說是大家的朋友了。基於這份互助的友誼，能有這個機會和大家討論我們的共同利益，我很高興。

因為這個會議是由資方和勞工代表所組成，承蒙你們的好意，我得以坐在這裡。雖然我並非股東或勞工，但我深感與你們關係密切。從某種意義上說，也代表了資方和勞工。」

小洛克斐勒處理得如此恰當得體，以至工人的憤怒漸漸平息下來，勞資雙方都開始理智地處理問題。如果他採取強硬的方式，無異於火上澆油，只會把局勢弄得不可收拾。

有這樣一句格言：「一滴蜜汁比一加侖毒藥能捕到更多的蒼蠅。」如果你想讓一個人接受你和你的意見，首先你要讓他認為你是非常友善地對他，是全心為他著想。你不能強迫別人同意你的意見，但卻可以用引導的方式，溫和而友善地使他屈服，友善永遠比強硬更有力量。

小練習

現代社會，不可避免地存在競爭。採用什麼樣的態度去對待你的競爭對手，看起來是一件小事，但卻決定你的成敗。換句話說，適當的競爭能夠促進一個人快速成長，並促進一個人各方面不斷成熟起來。心靈高貴的人能對他人萌生憐憫和同情，因為友善會使對方的敵意漸漸消釋，沒有人會拒絕友善所帶來的溫暖。因此，友善比強硬更有力量，當你試圖打開對方的心扉時，友善是最快、最有效的方式。

不顧大局，就會「出局」

大局意識就是以整體利益為重，凡事從大局出發，在事關大局和自身利益的問題上，能以寬廣的眼界審時度勢，以長遠的眼光權衡利弊得失，自覺做到局部服從整體，自我服從全域，眼前服從長遠，立足本職，甘於奉獻。

說到顧全大局，我們會不由自主地想到歷史上「以大局為重，不計小嫌」的代表人物——藺相如。

相信大家都知道〈負荊請罪〉的故事，說的是趙國的藺相如幾次奉命出使秦國，立下顯赫戰功，深得趙王的賞識與重用，被封為丞相，位居老將軍廉頗之上。廉頗居功自傲，對此不服，屢次故意挑釁。藺相如以國家大事為重，始終忍讓。後來，廉頗終於醒悟，向藺相如負荊請罪。將相和好，團結一致共同輔國，建立了生死不渝的友情。當時一些諸侯國聽說這件事之後，都不敢侵犯趙國了。

藺相如不計較個人榮辱得失，以國家利益為重的博大胸襟和廉頗知錯就改的坦誠胸懷，都在啟發我們，在任何時候都要顧全大局，把國家、民族的利益放在第一位。不難想像，假如當時藺相如和廉頗「內戰」，那麼就會「禍起蕭牆」，趙國會受到周邊諸侯國的夾攻，到時國將不國，又哪來家的安寧呢？

撥開歷史的迷霧，我們似乎可以看見大禹治水三過家門而不入，終將水患「制服」；孔丘周遊列國，推行仁政；三閭大夫行吟澤畔，問天叩地，投身汨羅；文天祥「人生自古誰無死，留取丹心照汗青」……這些人不為名不為利，只為了心中的大局。他們是國家的棟梁，他們的精神是華人的榜樣。魯迅說得好：「我們自古以來，就有埋頭苦做的人，有拚命硬做的人，有捨身求法的人……」我們需要的就是更多捨身求法的人。

古代如此，今天也一樣，凡事顧全大局仍然是為人處世的重要品格，是應該大力弘揚的傳統美德。以大局為重，不計小嫌是一種難得的風度，有這種風度的人心胸寬廣，不記私怨，不但能贏得人們的尊敬和擁護，往往也能做出一番大事業。而那些斤斤計較、睚眥必報的人，必定不會受人歡迎，甚至會為人所不齒，也就很難有所作為。

真正優秀的人，他們不會急功近利，而是把個體遠大的發展目標建立在大局發展的基礎之上，時刻以公司整體利益為重，把公司放在第一位。具備這樣優良品格的人，在贏得領導者信任的同時，更能為自己的職業生涯帶來莫大的好處。

我們想成功，就要有寬廣的胸懷，從大局出發，不拘泥於眼前的枝節小事，以大局作為判斷的標準，這才是人生應有的境界。

小練習

生活中，我們可以發現，很多優秀的人因為性格中的某些缺陷，在做事的過程中不能從大局出發而目光短淺，從而鑄成大錯，造成嚴重的損失，甚至一失足成千古恨。在領導者的眼中，一個自私自利的人，一個只為自己或少數人利益著想的人，一個心中只有「我」而無「我們」的人，是永遠得不到主管重視的。不顧大局的人，到頭來可能會被淘汰出局。

問題和機遇總是結伴而來

現實生活中，對待任何問題我們都要抱著積極的態度去認真處理，在解決問題的過程中，往往會獲得意想不到的機遇。

喬治是某間專門銷售牙刷公司的職員。一天早上，他從睡夢中醒來時，時間已經快到八點。他急忙從床上跳起來，衝進衛生間，匆匆忙忙洗臉刷牙。公司制度很嚴格，遲到是不允許的。由於心急，他的牙齦被刷出血。他氣得將牙刷丟在馬桶裡，擦了把臉，便衝出門去。

到了公司門口，他看了看手錶，離上班還有幾分鐘，不禁鬆了一口氣。這時，他感到嘴裡有一股鹹味，吐出來，原來是一口血。看來他剛才被那把牙刷傷得不輕。他心裡不由得升起一股怨氣，牙齦被刷出血的情況，已經發生過許多次了，並非每次都怪他不小心，而是牙刷本身的品質存在問題。如果他用的是其他廠家生產的牙刷，還可以投訴出一口心頭之氣，偏偏他用的是自己公司的產品！於是他氣沖沖地向技術部走去，準備向有關人員發一通牢騷。

當喬治正要走進技術部，忽然想起在管理培訓課上學到的一條訓誡：「當你有不滿情緒時，要認識到正有無窮無盡新的天地等待你去開發。」他的頭腦冷靜下來，漸漸擺脫了不滿情緒。他想，技術部的人也使用本公司生產的牙刷，肯定也遇到過牙齦出血的問題，為什麼不加以解決呢？肯定是因為暫時找不到解決辦法。另外，他還聽其他人抱怨過牙齦出血的問題，他們用的並不都是本公司的牙刷。可見，這是一個牙刷廠家普遍遇到的技術難題。如果能解決它，情況會怎麼樣？這也許是一個發揮自己的好機會呢！於是，他掉頭就走，打消了去技術部發牢騷的念頭。

從這以後，喬治和幾位要好的同事一起著手研究解決牙齦出血的問題，他們提出了改變牙刷的造型、質地以及毛的排列方式等多種方案，結果都不理想。有一天，喬治將牙刷放在顯微鏡下觀察，發現毛的頂端都呈銳利的直角。這是機器切割造成的，無疑也是導致牙齦出血的根本原因。

找到了原因，解決起來就容易多了。改進後的牙刷在市場上一枝獨秀。作為公司的功臣，喬治從普通職員晉升為組長。十幾年後，他成為這家公司的董事長。

在我們的身邊，有許許多多不如意的事情。在每一件讓人抱怨的事情中，都隱藏著一個機會，能幫助你提升事業，改善人際關係，提高生活品質。每一個創新都是從抱怨開始的，有人抱怨道路不夠平，於是出現了順暢平坦的大道；有人抱怨煤油燈不夠亮，於是有了電燈……與其嘀嘀咕咕抱怨什麼，不如想一下裡面有沒有可以發展自己的機會，每一個問題的背後都有可能藏著機會。

為什麼現如今許多人卻無法做到這一點呢？因為當下更多人信奉的是「隨主流而不求本質」。在追求的過程中他們喪失了自己的目的性，不追求人生最根本的目的，轉而追求一些形式上的成功，正如一句話中所說的，瞬間的成就可以在我們的身邊，有許許多多不如意的事情。在每一件讓人抱怨的事情中，都隱藏著一個機會，能幫助你提升事業，改善人際關係，提高生活品質。

小練習

沒有人喜歡問題，因為問題的本身就包含著煩惱。事實上，即便是有問題，我們的未來依然有希望。問題有時也能帶來徹底改變人生的獨特機遇，即人所遇到的問題會帶來更好的機會，甚至它能帶給人們嶄新的成長機遇。的確如此，比方當一個人遭遇過嚴重意外，那麼在未來他就會變得更加小心翼翼；遭受過自然災害創傷的人們，他們在未來會更懂得感激生活……

第七章

小問題不容忽略

這些問題以小見大，足以影響你的人生，
你需要去正視！

無論如何，都不要失去熱忱

使一個人成功的因素很多，而居於這些因素之首的就是熱忱。英文中的「熱忱」這個詞是由兩個希臘文組成的，一個是「內」，一個是「神」。事實上，一個熱忱的人，彷彿有神在他的內心裡。熱忱也就是內心裡的光輝——這種熾熱的、精神的特質深存於一個人的內心。

真正的熱忱意味著你相信你所做的一切是有目的的。你堅信不疑地去實現你的目的，你有火一樣燃燒的願望，它驅使你去達到你的目標，直到你如願以償。如果你不想在生活中隨波逐流，如果你想馴服命運這匹烈馬，就要時刻舉起熱忱的皮鞭。

桃莉．巴頓小姐的生活為人們提供了一個例證，使人懂得如何利用熱忱促使自己努力奮進。

桃莉．巴頓出生在田納西州塞維爾郡，一個只有兩間房的木棚裡，她在家裡十二個孩子中排行第四。全家靠她父親在一小塊山地上辛勤勞作來勉強糊口。

桃莉．巴頓生來並不比別人強，她在早年過著山裡人最貧窮的生活，以木棚為家，洗刷操勞，困苦不堪。然而，桃莉付出了某種特別的東西——她不願成為貧窮的女人，於是她付出了自己對生活的熱情。

桃莉從孩提時代開始學習歌唱，五歲時就能唱出歌詞。七歲時，她用舊樂器的零件製作了自己的吉他。第二年，一位叔叔送給她一把真正的吉他，而她也一直堅持練習歌唱。上高中時，桃莉沒有什麼漂亮衣服，但她有自己的夢想，她有熱情。桃莉的一個妹妹後來回憶說：「桃莉向別人講自己的夢想時，一點也不害羞。在我們生活的山區，沒有一個人這樣想過，孩子們當然會笑話她。」

桃莉．巴頓後來一輩子都在唱歌，她成了美國第一位唱片銷量達百萬以上的明星。她的熱忱永不消失。

熱忱的心燈一經點燃，帶來的必然是積極的行動、成功和快樂幸福。促使一個人成功的因素很多，而居於這些因素之首的就是熱忱。沒有熱忱，不論你有什麼能力，都發揮不出來。這絕不只是一般單純而美麗的話語，而是邁向成功之路的航標。

當然，保持熱忱並不是說你無時無刻都必須笑著面對，也不是說你應該對周圍的一切都感到滿意。那不是熱忱，那只是盲目的樂觀，堅持不了幾天。

相反，生活中所需要的熱忱更多的是一種思考和追求的方式，它這樣勸慰人們：「生活是美好的，通往成功的路總是有的。」

對生活充滿熱情會為你帶來許多好處，增加你思考和想像的強烈程度、使你獲得令人愉悅和具有說服力的說話語氣、使你的工作不再那麼辛苦、使你擁有更吸引人的個性、使你獲得自信、強化你的身心健康、建立你的個人進取心、更容易克服身心的疲勞、使他人感染你的熱忱。

讓你的生活充滿熱忱吧，讓你的熱忱發揮作用吧，讓你的熱忱幫助你最終駕馭生活。

麥克亞瑟將軍在南太平洋指揮盟軍的時候，辦公室牆上也掛著一塊牌子，上面寫著這樣的座右銘：

「你有信仰就年輕，疑惑就年老；你有自信就年輕，畏懼就年老；你有希望就年輕，絕望就年老。歲月使你皮膚起皺，但是失去了熱忱，就損傷了靈魂。」

這是對熱忱最好的讚賞。

「失去了熱忱，就損傷了靈魂。」一旦缺乏熱忱，軍隊將無法克敵制勝，藝術品將無法流傳後世；一旦缺乏熱忱，人類就不會創造出震撼人心的音樂，不會建造出令人難忘的宮殿，不能產生馴服自然界的各種強悍的力量，不能用詩歌去打動心靈，不能用無私崇高的奉獻去感動這個世界。點燃你熱忱的心燈，靈魂的火焰才有足夠的力量把成就天才的各種材料熔於一爐。

小練習

熱忱是來自於人內心的一股力量，它促使你不斷前進。當你提到你的未來時，雙眼能夠閃爍著光輝，那麼你對它是有足夠的熱忱的。

熱忱是點燃事業的火種，是每個卓越人士必須具備的品格。每個人心上都有熱忱的種子，但許多人由於對生活感知的麻木，漸漸地將其隱藏在心中的某個角落。

熱忱是追求卓越人生的不竭動力，並且還可以感染你身邊的人。

要敢做敢當，但不靠蠻力解決

敢做敢當但不靠蠻力解決，是指要以勇敢為前提，有開拓創新意識，但也必須講究科學。敢想才敢做，敢做才能創新，創新才能突破，突破才能前進。開拓前進應當有知難而進的雄心壯志。人生征途中有許多艱難險阻，無雄心壯志者，就會望而生畏，乃至半途而廢；有雄心壯志者，就能知難而進，開拓進取。

敢做是指一個人以善於明辨為前提，不失時機地做出決定並堅決執行的能耐，這種能耐是以敏銳的洞察力和勇敢、機智的應變力為條件的。如果缺乏對事物發展變化的深刻認識和敏捷反應，就談不上明辨，所呈現的只能是另一方面，即在錯綜複雜的現象面前如在迷霧中，優柔寡斷、錯失良機，從而導致捨本逐末，任成功從指縫中溜走。

敢做並不等於輕率。有人認為，敢做就是快速做出決定，實際上，對於行動的方法和結果未加足夠的考慮就倉促地做出決定，這並不是敢做，而是輕率、衝動和冒失的表現。這種表現在優柔寡斷的人身上可以觀察出來，因為深思熟慮對於他們來說，是一個複雜而痛苦的過程。敢做的人做決定時的迅速機敏，和意志薄弱的人的倉促決定毫無共同之處。

必須把敢做和武斷加以區別。有的人剛愎自用、自以為是，遇到事情既不調查研究，也不深思熟慮，就說一不二地定下來，貿然行事。從表面看，好像很勇敢，可實際上卻是以蠻力解決。敢做則是以審時度勢、明察秋毫為基礎，似乎信手拈來，實則高屋建瓴，就如敢於「溫酒斬華雄」者，並非一個「勇」字可以概括。敢做並不排斥深思熟慮和虛心聽取別人的意見，正因為多想、多問、多商量，才使得人們對事情更有把握，從而更加敢做。自以為是、主觀武斷的人往往把事情搞砸。

在我們前進的道路上，有無數大大小小的事等著我們去決定。當我們再一次做出重大決定時，大概又會犯另一個重大錯誤。也許是因為過去犯了嚴重的錯誤，大部分的人只會往後看，站在原地惋惜不已。「如果我知道得更多或如果我有更多的時間決定，那麼每件事就會有很不一樣的結果。」

我們沒有辦法知道每件事，但是有辦法在決定前多知道一些，也有辦法給自己多點時間思考。在生活中，任何一次選擇都是不容易的。在做決定時，大多數人都有退縮的時候。有時候放棄現在的享樂和做某些犧牲，是享受長期快樂的法寶。

假如某個決定不能使人快樂，並不意味著它就是錯誤的，因為沒有哪個決定能讓每個人都高興，我們只能選擇使完成目標更為容易的決定。

假如你不知道你現在的目標是什麼，那就先別草率做決定。決定目標後，還要講究採用科學的理論作指導。既要敢於衝鋒陷陣、開拓創新，又要膽大心細、深謀遠慮。要在戰略上敢冒風險，敢做敢為，在戰術上千方百計規避風險，避免以蠻力解決。

小練習

積極思考是由「敢想」和「會想」兩個方面構成的，那些成功的人大都因為具備了這兩方面，所以才有驚人之舉。因為敢想才能敢做，會想才能巧成。當別人失敗時，你如果可以從他人的失敗中得出正確的想法，並繼之以行動，你就有可能成功。當你自己失敗了，你也只需轉換一個正確的想法，換一種行動，你還是可以重新獲得成功。

任性，會錯失成功的機會

你還在感嘆自己沒有碰到好機會嗎？很多時候，不是機會不找你，而是當它來臨時，你沒有好好珍惜。

一位氣質好、相貌佳的女子每天朝九晚五地上班。從早到晚，她的工作就是坐在辦公桌前對著電腦，或者偶爾接接電話、上上網，工作雖然穩定，卻相當單調。

許多人看到她的第一個反應，都會感嘆道：「你長得這麼漂亮，不去當明星太可惜了！」

她聽了以後只能苦笑，沒有人知道，她其實是當過演員的。那一年，她剛踏入社會，沒有太多歷練，一心只想在演藝圈發展。女子參加了一個角色的試鏡，導演慧眼識珠，挑來挑去最後只剩下兩個候選人，她就是其中之一。

女子長得漂亮，氣質又好，和劇中的女主角很相似。她知道，另外一位候選人根本不是她的對手。但是，由於她沒有演戲經驗，導演考慮再三，遲遲不敢下最後的決定。

不料，導演在媒體上三番兩次誇獎她，使得外界謠言四起。一會兒說女子和導演有染，想用美人計來爭取這個角色；一會兒又說女子人美心惡，處處與另外一位候選人過不去。聽到這些子虛烏有的傳聞，一向潔身自愛的她實在無法接受，一氣之下拂袖而去。

女子決定退出這次競爭，匆匆打道回府了。

這部連續劇的女主角理所當然就由剩下來的那位候選人擔任，戲才剛上映，剩下的那位候選人便因為觀眾喜愛劇中的角色，一夜間迅速走紅。

而十幾年來，她卻遠離可以一展才華的演藝圈，成了一名普通的上班族，從事自己不喜歡的職業，偏離了自己真正嚮往的軌道。其中的遺憾和委屈，一言難盡。

說起來，故事中的女子只是因為當年的任性，把自己的前途輸掉了。

難怪有人說「忍一時風平浪靜，退一步海闊天空」，這雖然是老生常談，卻非常中肯實在。

一時任性所要付出的代價，或許是關係你一生的機遇。

小練習

如果一個人擁有非凡的意志力，那是十分幸運的事情。一個人要十分清楚：成為一個成功的人應該做些什麼，而且要敢於去做；一個人本身的人格要比他內心的本能衝動更強有力，他絕不會屈服於各種意見和反對的聲音；一個人既不能為巨大的壓力所脅迫，也不會為寵愛或歡呼聲所收買。擺脫任性，用一個「清醒」的頭腦戰勝一切。

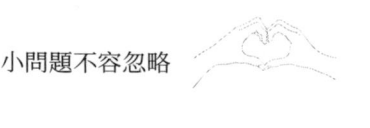

每一次成功，都源自充分的準備

為了得到一個最令你滿意的結果，你不得不在行動之前，把所有導致既定結果的方法和途徑考慮進來，並為之做好充分的準備。一個缺乏準備的人一定是一個差錯不斷的人，縱然其具有超強的能力、千載難逢的機會，也不能保證一定獲得成功。考慮不周全，缺乏充分準備的行動會讓一切陷入無序，讓你面臨失敗的危險。

提起準備，每個人都懂得有備無患的道理，幾乎人人都有因準備而獲得，也有因準備而失去的經歷。

雖然準備無處不在，又如此攸關成敗，但奇怪的是人們普遍忽視它，即使大家認識到了準備的重要性，也很少有人能對它保持長久的熱情。於是，「效率低下，差錯不斷」就非常輕鬆地在他們身上貼上了失敗的標籤。

「每一次差錯皆因準備不足，每一項成功皆因準備充分」，這是對準備的最好注解。

一九〇九年，美國海軍軍官羅伯特・愛德溫・皮里率領探險隊首次到達北極。皮里為了這一壯舉準備了許多年，他的首次北極之行是在一八八六年，並且往返過許多次。他在北極地區生活了四年，跟因紐特人交朋友，並且他的計畫也得到了他們的支持。從因紐特人那裡，皮裡學到了不少在北極地區生存的有價值的技能。

一九〇五年，他第一次試圖到達北極，但因供應品不足，只好返回。最後，皮里在一九〇八年踏上了將證明他探險成功的征途。

皮里從他先前旅行所犯的錯誤中吸取教訓，安排了穿過冰雪覆蓋地區的補給線，在適當的間距上儲藏了食品。在距離目的地大約六百四十公里處，皮里一行於一九〇九年二月的最後一天離開了他們的船，開始使用狗拉的雪橇。皮里和他的同伴利用一陣好天氣，發起了最後一次衝刺，終於在四月六日那天到達北極。

一次成功的穿越，讓皮里在人類前行的歷史上留下了光輝的名字，而這一切的前提就是要做好充足的準備。先前的失敗讓他深深認識到準備的重要性，他才能夠在第二次嘗試之前布置好一切，避免了可能發生的許多問題。

皮里的例子可以說明一個道理，對於「準備」這件事，當你有所自覺時，它將成全你；當你不自覺時，它可能會毀掉你。

結果就是一切。我們在做任何事情時，要把所有可能的方法和途徑都考慮在內，預測一下所有可能出現的結果、障礙和運氣的轉變，否則我們的辛勞成果可能會因為一些偶然而白費，甚至所取得的榮譽也會瞬間被毀。剛踏上社會的青年人，更應該對未來的人生早做準備，讓自己知道什麼時候應該開始、什麼時候該停止，知道朝著哪個方向前進，這樣人生格局才能順利展開。

小練習

機會只會留給準備充分的人，因此每當人們抱怨運氣不佳的時候，不要埋怨別人不給自己機會，應該檢查自己的魚簍是否夠大，有沒有破洞；也許不是河裡的魚太小或者魚不夠多，才盛不滿你的魚簍，而是你的魚簍有漏洞，或者正好缺少幾個魚簍子。機會永遠只垂青準備充分的人，無論何時何地，都不能放鬆自己，要做好充分準備來迎接、邂逅機遇，爭取最終的成功。

做事要分輕重緩急

一旦需做的事情很多的話，就要分輕重緩急。做事情應該抓大放小，就是說從事物的根本入手，而不要在細枝末節上較勁，做重要且正確的事情，不為小事、不值得的事浪費你的時間和精力。人的精力有限，不能隨意揮霍，而是要把它用在正確的地方。

有一次，一隻老鼠向獅子發出挑戰，卻遭到了獅子的斷然拒絕。

「怎麼？」老鼠說：「你害怕嗎？」

「非常害怕。」獅子說：「如果答應你，你可以得到曾與獅子比武的殊榮；而我呢？以後所有的動物都會恥笑我竟和老鼠打架。」

這隻獅子無疑是明智的，因為牠非常清楚，與老鼠比賽的麻煩在於：即使贏了，不過戰勝了一隻「老鼠」。一般情況下，對於較低層次的交往和較量，大人物是不屑一顧的，因為這樣做不但浪費精力，而且也降低了自己的地位。

畢竟在一定時期內，一個人的資源和能量是有限的，你無法同時做好數件同等重要、難度都很大的事情，更何況，還有那麼多瑣事會跑出來占據你大腦的空間，消磨你的棱角。

你如果與一個不是同一等級的人爭執不休，不僅會浪費自己的資源，降低人們對你的期望，還會在無意中提升對方的層面。

在現實生活中，成功者大都深知「那些太專注於小事的人通常會變得對大事無能」，並很清楚「抓住大事，小事自會處理好」的道理。一流的人物大都具備無視「小」（人物、是非）的能力。換句話說，障礙人都是相對而言的，除了必須搬掉的障礙之外，大多數障礙都可以忽略，如果要先搬掉所有的障礙才行動，那就什麼也做不成。事實上，絕大多數所謂的障礙，在你超越那個階段之後，也就不是障礙了。

所以我們應該知道，做事情一定要抓重點，要不拘小節，該抓的抓，該放的放，掌握了這條人生考場上的金科玉律，做起事也就會更加圓滿如意了。

小練習

一個人對瑣事的興趣越大，對大事的興趣就會越小；而非做不可的事愈少，很少遭遇到真正問題，人們就愈關心瑣事。這就如同下棋一樣，和不如自己的人下棋會很輕鬆，你也很容易獲勝，但永遠長不了棋藝，而且這樣的棋下多了，棋藝會愈來愈差。這也應了美國哲學家詹姆士的話：「明智的藝術就是清醒地知道該忽略什麼的藝術。」他的言下之意就是，不要被不重要的人和事過多打攪，因為成功的祕訣就是抓住大事不放。

捨小利，成大德

清朝乾隆年間，鄭板橋在外地做官，忽然有一天收到在老家務農的弟弟鄭墨的一封來信。弟兄倆經常通信，然而這一次卻非同尋常。

原來弟弟想讓哥哥出面，到當地縣令那裡說情。這一下卻讓鄭板橋很不自在。鄭墨粗識文墨，原也不是個好惹是生非之徒，只是這次明顯受人欺侮，心裡的怨恨實在咽不下去。原來，鄭家與鄰居的房屋共用一牆，鄭家想翻修老屋，鄰居出來干預，說那堵牆是他們祖上傳下來的，不是鄭家的，鄭家無權拆掉。

其實，這契約上寫得明明白白，那堵牆是鄭家的，鄰居只是在旁邊也蓋了房子。這官司到了縣裡，尚無結果，雙方都想求人說情。鄭墨自然想到了做官的哥哥，想來有契約在，再加上哥哥出面說情，官官相護，這官司就必贏無疑了。

鄭板橋考慮再三，最後對弟弟寫了一封勸他息事寧人的信，同時寄去了一個條幅，上面寫「吃虧是福」四個大字。同時，又為弟弟另附了一首打油詩：「千里告狀只為牆，讓他一牆又何妨。萬里長城今猶在，不見當年秦始皇。」弟弟接到信，羞愧難當，當即撤了訴狀，向鄰居表示不再相爭。那鄰居也被鄭氏兄弟的一片至誠所感動，表示也不願繼續鬧下去。於是兩家重歸於好，仍然共用一牆。這在當地一直傳為佳話。

平民百姓，最難吃虧的是財，最難忍受的是氣，往往被氣所激，被財所迷，導致不可收拾的局面。一打官司，難免為了爭個輸贏而打點關係，大多是丟了西瓜，撿個芝麻，為人恥笑。兩相爭必相傷，兩相和必各保，實在不值得爭贏鬥狠，種下深仇大恨。

唐代宰相張公藝的家族以九代同堂、和睦相處著稱於世，為世人所豔羨。

有一天，唐高宗親自去他家，向他詢問維持這麼一個大家庭和睦的道理。張公藝沒說話，只是讓家僕取來一紙一筆，一口氣寫下了一百多個「忍」字。高宗看後不禁連連點頭，賞賜了他許多綢緞與玉帛。

《易經》說：「地勢坤，君子以厚德載物。」一個人在做人做事方面應該順應自然，胸懷博大，寬以待人。一個人的能力是有限的，心胸開闊、寬容待人就能得到別人的尊重和愛戴，別人也就會盡心為你效勞。有德之人更能明白別人所追求的利益，並能盡力給予最大的滿足。人之生於世，一為名，二為利，三為尊重。綜觀歷史，有大成就的人必然有德行而能令人為其捨命效勞。

德是一種境界，是一種追求，也是一種力量、一種格局，是一種震懾邪惡、淨化環境、吸引財源的動力。德能使人內功強勁，無往而不勝。所以，大勝靠德，人生的成就往往是與德行的修養成正比的。我們要想取得事業上更大的成功，就必須注意自己的德行修養，必須把自己的德行修養放在首位。

在大草原上，羚羊如果跑不過獅子，肯定會成為獅子的美餐；如果獅子跑不過羚羊，也會被餓死，這是自然界的競爭法則。在市場競爭中，原來是大魚吃小魚，現在是快魚吃慢魚，落後就要出局，這是市場的競爭法則。

在競爭如此激烈的社會中，我們靠什麼才能站穩腳跟並做大做強呢？一言以蔽之——小勝靠智，大勝靠德。

小練習

生活中，一般沒人願意吃虧，不但如此，還想多占便宜，這符合人「利己」的本性，本無可厚非。但從更長遠的角度來看，有時候，不願吃虧反而是一種短視行為，賺了眼前小利，反而損失了日後的大利。不要因為吃一點虧而斤斤計較，開始時吃點虧，是為以後的不吃虧打基礎，不計較眼前的得失是為了著眼於更大的目標。做事有長遠計畫的人，不會只計較自己的所得，而是懂得在適當的時候捨棄。

逍遙無憂的等待，將會自取滅亡

「車到山前必有路，船到橋頭自然直」，其意思是指不要被困難嚇倒，任何事情都有解決的辦法，表達了人們對前途充滿信心的樂觀主義精神。然而，令人遺憾的是，在實際生活中，有些人卻把這句話當成了「護身符」和「擋箭牌」，遇到什麼困難，不去認真想辦法解決，而是能拖則拖能逃則逃，實在不行了，來一句「車到山前必有路。」

他們似乎沒有什麼煩惱，也沒有什麼憂愁。他們的一生似乎注定要等待、要期盼，無數次的機遇從他們的手指間滑落，他們並不在意，因為他們把「車到山前必有路」奉為圭旨，他們相信這句話可以幫他們戰勝一切困難，逃避一切責任。

其實他們也不知道「車到山前」是否真的有路，若有算是僥倖，但若沒有，「車到山前」該怎麼辦呢？大格局者，從來不會把自己置於一種無望的境地。「車到山前必有路。」只是一種精神上的慰藉，它不代表長久，更不代表能解決任何問題。當你遇到困難時，朋友可以安慰你，老師可以教導你，家人可以鼓勵你，但是，最終解決問題的只能是你自己，在最緊要的關頭，你只能靠自己。

小新畢業在即，下一步應該怎麼辦，有很多未來被擺在他面前。大學四年，小新對自己所學的專業並不滿意，他想從事一個新的專業，可是對這個新專業的知識了解得並不多，公司又怎麼會輕易錄用一個「門外漢」？他沒有信心，於是，為自己制訂了三套方案。第一，考研，繼續學習本來的專業，拿到碩士學位，提高自身價值；第二，找一份自己所學專業的工作，放棄所有好高騖遠的想法，老老實實地工作；第三，隨便找份工作，半工半讀，等到有一定經驗之後再考慮轉行。方案雖好，他卻開始猶豫了，不知道到底選擇哪條路，甚至沒有為選擇做什麼準備。時間一天天地過去，小新總會對自己說：「不怕，車到山前必有路，到時候自然就解決了。」然而有的同學已經認真地為考研究所備戰，有些已經和企業簽約了，小新還是在一天一天地等待著……

車到山前真的有路嗎？未必。對那些愛思考，能積極行動的人來說，路在任何時候都是有的；而對那些像陸新之這樣整天活在幻想中，不為自己的將來考慮的人來說，再平坦的路他也走不好，他們會為自己的消極等待付出慘痛的代價。

「車到山前必有路，船到橋頭自然直。」如果這句話已經在你的心中根深蒂固，請馬上跳出它為你設置的陷阱。

因為當你一個人來到山前的時候，你會驚訝而且沮喪地發現，矗立在你面前的山巍峨無比，根本沒有你可以走的路。

這一事實告訴我們，遇到困難時，不能抱有「車到山前必有路」的僥倖心理，應該奮力拼搏，用自己的智慧和力量戰勝各種困難，開闢出一條平坦大路來。

小練習

「車到山前必有路。」是我們為自己的懶惰尋找的一個藉口。本應該今天辦的事情我們卻拖到明天，本應該當機立斷做的決定我們卻拖到以後，我們終日沉溺於縹緲的幻想之中，於是我們生命的光陰便一點一點地消耗在我們自以為逍遙無憂的日子中了。我們習慣了等待，習慣了等待每一天都會產生奇蹟，我們的意志就在這一次又一次的等待中日漸消磨。

速成，其實是在繞遠路

急於求成是許多人身上常見的敗因，它是造成人們做事目的與結果不一致的一個重要原因。《論語・子路》中有一句話：「欲速則不達。」意思是說一味主觀地求急圖快，違背了客觀規律，造成的後果只能是欲速則不達。一個人只有擺脫了速成心理，一步步地努力，才能達到自己的目的。同樣，作為一個公司，要想在市場上有所作為，必定要先經過精密的準備，然後按照市場規律一步一步腳踏實地去奮鬥，最終才有可能取得好成績。

正如一位哲人所說的：「急於求成是永遠不會獲得想要的結果的，只有腳踏實地才能獲得最終的成功。」

很久以前，有一個年輕人想學劍法，於是就找到一位在當時武術界最有名氣的老者拜師學藝。老者把一套劍法傳授給他，並叮囑他要刻苦練習。一天，年輕人問老者：「我照這樣練習，需要多久才能夠成功呢？」老者答：「三個月。」年輕人又問：「我晚上若不睡覺來練習，需要多久才能夠成功？」老者答：「三年。」年輕人吃了一驚，繼續問道：「如果我白天黑夜都用來練劍，吃飯走路也想著練劍，又需要多久才能成功？」老者微笑道：「三十年。」

年輕人不禁愕然……

欲速則不達，遇事除了要用心用力去做外，還應順其自然，只有這樣才能夠成功。

大家都知道，如果主管指派你完成一項任務，那麼你必須經過這麼幾個階段，前期的調查，詳細考察當前的部門情況，掌握大量的第一手資料，作為自己下一步開發專案的基礎；拿出完善的方案，在部門調查的基礎上，經過深思熟慮，形成完善的方案；周密的準備工作，有了方案，就得按照方案進行事前周密細緻的準備工作，比如材料、設備、人；最後才是認認真真地實施的階段。

只有每一步都做得充分到位，你負責的方案才可能成功，才能創造效益。要是你有了一個想法，就馬上迫不及待地去進行，那麼，且不要說創造效益，你的工作能不能保住都是個問題。

小練習

速成心理是造成人們做事目的與結果不一致的一個重要原因。任何事情的改變絕非一瞬間而成，而是日積月累，逐漸產生的結果。速成的結果往往導致失敗。只有一步一步腳踏實地，慢慢積累，才能達成自己的目的。

權威者並非永遠正確

世上沒有永遠的權威，權威的學說也會陳舊，權威的力量也會消逝，我們不能被權威牽著鼻子走，否則人類社會便不會向前邁進。

一八四二年三月，在百老匯的圖書館裡，著名作家愛默生的演講讓年輕的惠特曼激動不已，熱血在他的胸中沸騰。

他渾身升騰起一股力量和無比堅定的信念，他要滲入各個領域、各個階層。他要傾聽大地的、人民的、民族的心聲，去創作新的不同凡響的詩篇。

一八五四年，惠特曼的《草葉集》問世了。這本詩集熱情奔放，衝破了傳統格律詩的束縛，用新的形式表達了民主思想。它對美國和歐洲詩歌的發展起了巨大的作用。

《草葉集》的出版使愛默生激動不已。他給予這些詩極高的評價，稱這些詩是「屬於美國的詩」、「是奇妙的」、「有著無法形容的魔力」等等。

由於《草葉集》受到愛默生這樣聲譽滿分的作家褒獎，使得一些本來把它評價得一無是處的報刊馬上換了態度，口氣變得溫和。但是惠特曼那創新的寫法、不押韻的格式、新穎的思想內容，並非那麼容易被大眾所接受，他的《草葉集》並未因愛默生的讚揚而暢銷。但是，惠特曼從中增添了信心和勇氣。一八五五年底，他印起了第二版，在這版中他又加進了二十首新詩。

一八六〇年，當惠特曼決定印第三版《草葉集》，並將補進些新作時，愛默生竭力勸說惠特曼取消其中幾首刻畫「性」的詩歌，否則第三版將不會暢銷。惠特曼對愛默生說：「如果刪除後，這本還會是這麼好的書嗎？」愛默生反駁說：「我沒說『還』是本好書，我說刪了就是本好書！」執著的惠特曼仍是不肯讓步，他對愛默生表示：「在我靈魂深處，我的意念絕不服從任何的束縛，而是走自己的路。《草葉集》是不會被刪改的，任由它自己繁榮和枯萎吧！」他又說：「世上最髒的書就是被刪減過的書，刪減意味著道歉、投降！」

後來，第三版《草葉集》出版並獲得了巨大的成功。不久，《草葉集》便跨越了國界，傳到世界許多地方。

泰戈爾曾經說過：「除非心靈從偏見的奴役下解脫出來，心靈就不能從正確的觀點來看生活，或真正了解人性。」而一個人最致命的偏見莫過於認為權威們無論何時何地都是正確的。

這種偏見往往會葬送一個人的一生。俄國作家契訶夫說得好：「世界上有大狗，也有小狗，小狗不該因為大狗的存在而心慌意亂。」所有的狗都應當叫，就讓它們各自用自己的聲音叫好了。

在現實社會中必須有權威存在，但權威所說的話，並非句句都是真理，權威也會說錯話，做錯事。一個擁有大格局者，不但不會迷信權威，相反，他會開創自己的「個性」、「品牌」，讓自己變成別人的「權威」。

小練習

每一種事物都有兩面性，權威有益處也有害處。權威為我們節省了無數的時間和精力。我們不必再從頭研究幾何學，只需學一學阿基米德的理論就行了；我們不必親自去「看雲識天氣」，只需聽一聽天氣預報就行了……所有這些都是簡便而有效的方法。

第八章
當樂活的命運主人

成為命運的主人，你才能夠活出一個無悔的自我，有價值而又非凡。

命運的主人是你自己

雖然每個人的命運都有所不同，但是無論是幸福還是悲慘，命運卻應始終決定在自己的手中，自己才是命運的主人，因此我們要主動地掌握命運，而不能被動地聽憑他人的擺布來安排自己的命運。有這樣一則故事：

一個生活平庸的年輕人，對自己的人生沒有信心，平時經常去找一些算命師算命，結果愈算愈沒信心。他聽說山上寺廟裡有一位禪師非常厲害，於是有一天他便帶著對命運的疑問去拜訪禪師。他問禪師：「大師，請您告訴我，這個世界上真的有命運嗎？」

「有的。」禪師回答。

「噢，這樣是不是就說明我命中注定窮困一生呢？」他問。

禪師讓這個年輕人伸出他的左手，指著手掌對年輕人說：「你看清楚了嗎？這條橫線叫做愛情線，這條斜線叫做事業線，另外一條分隔號就是生命線。」

然後，禪師讓他自己做一個動作，把手慢慢地握起來，握得緊緊的。

禪師問：「你說這幾根線在哪裡？」

那人迷惑地說：「在我的手裡啊！」

「命運呢？」

那人終於恍然大悟，原來命運是掌握在自己手裡的。

不管別人怎麼跟你說，不管「算命先生」如何幫你算命，記住，命運在自己的手裡，而不是在別人的嘴裡！當然，再看看自己緊握的拳頭，你還會發現，你的「生命線」有一部分還留在外面沒有被抓住，它又能給你什麼啟示？命運大部分掌握在自己手裡，但還有一部分掌握在「上天」的手裡。

從古至今，凡成大業者，他們「奮鬥」的意義就在於用其一生的努力去換取在「上天」手裡的那一部分「命運」。

好比有個漂亮的女子，一直夢想成為一名電視節目主持人，而且她確實有這方面的才華。她說：「只要有人願意給我一次上電視的機會，我相信自己一定會成功，一定能成為出色的主持人。」可是，好幾年過去了，奇蹟並沒有發生，因為現在的節目主管根本沒有精力和興趣到處去搜尋人才。

而這個女子的某個國中同班同學，卻實現了自己夢寐以求的理想。她也很漂亮，但卻沒那麼優秀。她畢業於一所私立大學，但她卻從不因此而氣餒，畢業後便開始謀職，跑遍了全省的廣播臺和電視臺，經歷了一次又一次碰壁。但她沒有退縮，最後被一家很小的廣播臺錄用，她當上了主持人。有一次，電視臺和廣播臺聯合錄製一檔晚會節目，電視臺的負責人發現了這位同學，並請她到電視臺試鏡。結果她被錄用了，終於實現了自己到電視臺做節目主持人的夢想。

「如石子一粒，仰高山之巍峨，但不自慚形穢；若小草一棵，慕白楊之偉岸，卻不妄自菲薄。」正確認識自己，尋求屬於自己的方向，做自己命運的主人，那無論你去做什麼，你總會是最棒的。

可見，要把命運掌握在自己手中，自己要演什麼戲，決定權在於自己。自己才是命運的主人，只有主動地掌握自己的命運，積極向上，才能達到事業的巔峰。

小練習

現實中的你只有積極進取、努力爭奪，才可能獲得滿意的結果。如果只是一味地等待機會，就如同躺在床上等待小鳥飛到你的手掌心，這樣的話，伴隨你的也只有一次次的失望甚至是絕望了。我們現在就握緊自己的手，對自己的內心大聲說一句：命運的決定權在我自己的手中，而不在別人的手裡和嘴裡！

善始善終，踏實度過每一天

《道德經》裡有一句話叫「慎終如始，則無敗事」，意思是在事情將結束時仍然認真謹慎地去做，事情就不會失敗。老子提出要「慎終如始」，這是他對人生的體驗，因為許多人做事不能持之以恆，在快要接近成功的時候失敗了。老子認為出現這種情況的主要原因在於成功之前，人們沉不住氣，不夠謹慎，開始懈怠，失去了剛開始時的熱情。可是他們卻沒有記住，善始善終才是真正的大贏家。有這麼一個值得深思的故事：

有三個好朋友，畢業後去了同一家公司求職。經過層層篩選，他們都幸運地獲得了工作機會。但是上班第一天，他們的主管就告訴他們，他們現在只是在試用期，並不是公司的正式職員。第一個月公司會對他們的工作狀況進行考核，合格的在試用期結束後將會成為公司的正式員工。三個人都向主管保證自己會好好努力，會用行動向公司證明自己的能力。

三個人的工作內容都是枯燥乏味的，並且工作量很大，經常加班到很晚，但是三個年輕人都沒有抱怨，他們都期待著試用期過後，自己能正式成為公司的一員。懷著對未來的美好期待，三個人都努力地工作著。

一個月一晃而過，試用期馬上就快結束了，三個人相信憑著自己的良好表現，他們肯定都能通過公司的考核。最後那天下午，主管找到了三個年輕人，對他們說：「非常抱歉，你們三個都沒有通過公司的考核，按照我們事先的約定，你們不能再在公司待下去了，這是這個月的薪資，你們收好，等上完今天的班，你們就可以走了，祝你們以後一切順利。」

聽到主管的這些話後，三個人非常驚訝，但事情已經這樣了，也沒有轉圜的餘地。夜班時間很快就到了，其中一人仍朝著自己的座位走去，他不想因為自己的原因而影響工作。另外兩個人心想，既然沒有通過公司的考核，薪資也發了，索性沒有去上夜班。

最後一晚像往常一樣結束了，年輕人疲憊地走出辦公室。令他吃驚的是，主管正站在廠房的門口對他微笑。主管招手把他叫過去，對他說：「經公司研究決定，你的試用期今晚正式結束，我們決定錄用你為我們公司的正式職員，明天請到公司總部接受新職位的任命，恭喜你。其實，你們三個人都很優秀，表現得非常好，不過我們無法選擇錄用你們哪一位，昨天晚上是對你們的最後一次考驗，我們只選擇最優秀的那一個，這個人就是你。」

因為一個夜班的差別，這個人最後的結果與他的那兩個朋友迥然不同，因為他選擇了堅持，選擇了善始善終，善始善終才能夠笑到最後。年輕人往往由於浮躁，做事虎頭蛇尾，不能善始善終。現實生活中，有不少人追名逐利，經不起風浪，功成名就之後，往往心高氣傲，目空一切，最後身敗名裂。有些年輕人心浮氣躁，遇到坎坷就有畏難情緒，缺乏奮鬥目標、理想信念，對此不妨做一下反省。

善始善終就是對成功不懈追求，是一種淡泊名利的心我們在做事時有一個好的開頭，固然非常重要，但同時我們也要明白，好的開頭只是事情成功的一半。任何事的成功不僅需要「善始」，更需要「善終」，堅持到最後，才能得到一個完美的結局。

小練習

縱觀一個人的一生，不但要善始，而且更要注意善終。就從我們日常做事情方面來說，善始善終也非常重要。多數時候，一個人一生只有一次機會去嘗試，若是這一次做不好，可能永遠也做不好了。因此，在做任何事情的時候都要盡心盡力，始終要保持事情開始時的熱情，才能把事情做好，才能踏實地過好每一天。

關鍵時刻勇於發聲，乃是自己人生的「真英雄」

曹操曾說：「夫英雄者，胸懷大志，腹有良謀，有包藏宇宙之機，吞吐天地之志也。」曹操的這番話，說的正是成大事者的計謀、志向以及果斷決策能力。凡是從容果斷的人，都能在關鍵時刻敢於拍板拿主意，具有超乎尋常的決策能力。

寶潔公司的創始人之一威廉・普克特三十一歲時來到辛辛那堤尋找機會。他發現，在這個兩萬多人口的城市裡，製造蠟燭的原料非常豐富，而高品質的蠟燭十分缺乏。他小時候曾經在英國的蠟燭工廠工作，懂得怎樣製造高品質的蠟燭。於是，他果斷地決定辦一個蠟燭工廠。他說服了自己的青梅竹馬合夥創辦蠟燭工廠。對方看到製造蠟燭的大好前景，而自己所經營的公司在當時經營慘澹，於是朋友便毅然關閉了自己的公司。他們倆合夥創辦的蠟燭廠就是現在的寶潔公司前身。

蠟燭使他們賺了一些錢。但是，當洗澡成為時尚，肥皂的需求量大增時，他們又將經營重心轉向了肥皂，並以良好的信譽贏得了市場。當時，松香是製造肥皂的重要原料，只能從美國南方購買。南北戰爭爆發前，他們預見到松香的供應將會短缺，便大量購進儲存在庫房裡。結果，當松香的價格上漲十五倍，許多肥皂廠不得不停產時，寶潔公司仍然正常生產，度過了難關。

準確的判斷和果斷的決策使寶潔公司始終領先於它所在行業的其他公司。在松香、豬油等原料開始匱乏的年代裡，寶潔公司首先投入資金研究製造肥皂的新工藝，他們找到了更易得的原料和更經濟的生產工藝，推出了比舊式肥皂更好、更廉價的產品——「象牙肥皂」。此後在科研、廣告方面，他們總是捷足先登，維持著在清潔劑行業中的領先地位。

決策能力不應受情感波動、建議、批評以及表面現象的干擾。判斷力是處理任何重要事件所必需的。

一份分析兩千五百名經歷失敗的人的報告顯示，遲疑不決、該出手時不出手者幾乎高居三十一種失敗原因的榜首；而另一份分析數百名百萬富翁的報告顯示，這其中每一個人都有迅速下定決心的個性，即使改變初衷也會慢慢來。而經常失敗的人則毫無例外，遇事遲疑不決、猶豫再三，就算是終於下了決心，也是推三阻四、拖泥帶水，一點也不乾脆俐落，而且朝令夕改一日數變。

敏捷、堅毅、決斷是一切力量的中心。要成就事業，必須學會該出手時就出手，情感意氣的波浪不能震盪它，別人的反對意見以及種種外界的侵襲也都不能動搖它。

小練習

決斷敏捷、該出手時就出手的人即使犯錯誤也不要緊。因為他們成功的機會，比那些膽小狐疑、不敢冒險的人多得多。站在河邊待著不動的人，永遠不可能渡河。如果你有寡斷的傾向，應該立刻奮起擊敗這個惡魔，因為它足以破壞你各種進取的機會。在你決定某一件事情以前，你應該對各方面情況有所了解，你應該運用全部的常識，理智地考慮，一旦決定以後，就不要輕易放棄。

知足常樂中，才是完美

每一個人在心中都有一種追求完美的衝動，當一個人對於現實世界的殘酷體會得愈深時，他對完美的追求就會愈強烈。這種強烈的追求會使人充滿理想，但這種追求一旦破滅，也會使人充滿絕望。說一個小故事：

某個城市有一天來了一個老人，這老人一看便知是來自遠方的旅人，他背著一個破舊不堪的包袱，臉上布滿了風霜，他的鞋子因為長期行走已經破了好幾個洞。

老人的外表雖然狼狽，但有著一雙炯炯有神的眼睛，他總是仔細地觀察著來來往往的人。

老人的外貌與雙眼組合成了一個極不統一的畫面，吸引了所有人的目光。人們開始竊竊私語：「這不是普通的旅人，他一定是一個特殊的尋覓者。但是，老人到底在尋找什麼呢？」

終於，一些好奇的年輕人忍不住問他：「您究竟在尋找什麼呢？」

老人說：「我像你們這個年紀的時候，就發誓要尋找到一個完美的女人，娶她為妻。於是我從自己的家鄉開始尋找，一個城市又一個城市，一個村落又一個村落，但一直到現在都沒有找到一個完美的女人。」

「您找了多長時間呢？」一個年輕人問道。

「找了六十多年了。」老人說。

「難道六十多年來您都沒有找到過完美的女人嗎？會不會這個世界上根本就沒有完美的女人呢？那您不是怎麼樣也找不到嗎？」

「有的！這個世界上真的有完美的女人，我在三十年前曾經找到過。」老人斬釘截鐵地說。

「那麼，您為什麼不娶她為妻呢？」

「在三十年前的一個清晨，我真的遇到了一個最完美的女人，她的身上散發著非凡的光彩，如仙女下凡一般。她溫柔而善解人意，她細膩而體貼，她善良而純淨，她天真而莊嚴……」

老人邊說，邊陷進了深深的回憶裡。

年輕人更著急了：「那麼，您為何不娶她為妻呢？」

老人憂傷地流下眼淚：「我立刻就向她求婚了，但是她不肯嫁給我。」

「為什麼？」

「因為她也在尋找這個世界上最完美的男人！」

在這個世界上，完美是每個人都追求的，那些知道自己有缺點的人會感到慚愧，也會更加努力，以使自己成為完美的人。

在這個世界上，完美也是最可怕的，如果你每做一件事都要求務必完美無缺，便會因心理負擔的增加而不快樂。事實上，人生的各種不幸皆由追求完美而導致。當一個人要求別人善待他時，缺點便顯現無遺。完美是心中的一座寶塔，你可以在心中嚮往它、塑造它、讚美它，但切不可把它當作一種現實存在，否則會使你陷入無法自拔的矛盾之中。可以說，事事追求完美其實是一種愚拙。

小練習

這個世界上沒有任何一種事物是十全十美的，或多或少總有瑕疵，我們只能盡最大的努力使它更完美一些。智者告訴我們，凡事切勿苛求，如果採取一種務實的態度，你會活得更快樂！

卸下重負，才能向前行

一念放下，萬般自在。生活中，人們常常為自己增加很多無形的包袱。曾經發生過的痛苦的和悲傷的往事；明天還沒有到來，明天無法預料的危險……

我們總是在準備，就是用這樣的鎖鏈鎖住了幸福，為自己的生命增添了太多的負擔。

有一個流浪漢在看不見盡頭的路上長途跋涉，他背著一大袋沉重的沙子，一根裝滿水的粗管子纏在他身上，兩隻手分別拿著兩塊大石頭，脖子上用一根舊繩子吊著一塊大磨盤，腳腕上綁著一條生銹的鐵鍊，鐵鍊上拴著大鐵球，頭上還頂著一個已腐爛發臭的大南瓜。這個流浪漢吃力地走著，每走一步，腳上的鐵鍊就發出響聲。他呻吟著，他抱怨他的命運如此不幸，他抱怨這一切都在不停地折磨著他。

正當他頭頂烈日艱難前行時，迎面走過來一位農夫。農夫問：「喂，疲倦的流浪人，為什麼你自己不將手裡的石頭丟掉呢？」

「我真蠢！」流浪漢明白了。「我以前怎麼沒想到呢？」於是他立刻丟掉了石頭，瞬間覺得輕鬆了許多。不久，他在路上又遇到一位少年。少年問他：「告訴我，疲倦的流浪漢，你為什麼不把頭上的爛南瓜扔了呢？為什麼要拖著那麼重的鐵鍊子呢？」

流浪漢答道：「我很高興你能告訴我這件事。」

他解開腳上的鐵鍊子，把頭上的爛南瓜丟到路邊。他又覺得輕鬆了許多。但當他繼續往前走時，他又感到了步履的艱難。

後來，有一位老人從田裡走來，見到流浪漢十分驚訝：「啊，我的孩子，你扛了一袋沙子，可一路上有的是沙子；你帶了一個大水壺，可你瞧，路旁就有一條清澈的小溪，它已伴隨著你走了很長一段了。」

聽到這些話，流浪漢又解下了大水壺，倒掉了裡面已經變質的水，然後把口袋裡的沙子倒進一個洞裡。突然，他看到了脖子上掛著的磨盤，意識到正是這東西使他不能直起腰來走路。於是他解下磨盤，把它遠遠地丟進河裡。

他卸掉了所有負擔，在傍晚涼爽的微風中，尋找住宿之處。此時，他覺得自己輕鬆而愉悅，比原來快樂許多。

丟掉包袱，才能輕裝前行。生活中，總有很多的道路需要我們去選擇。放下一些原本不屬於自己的，才能去追尋前方更加美好的東西！每一天都是一個新的開始，每一天都應該輕裝上陣，只有這樣，我們才能感受到生活的快樂和愜意。

在智者眼中似乎從來是無得亦無失，他們總能得也泰然，失也泰然。

小練習

得與失是我們生命中的一個很重要的組成部分，可以說，我們每一天都徘徊於失與得之間。但很多人失不得，也失不起。對於他們來講，他們失去的不僅僅是物質，同時也會失去一個人心理上的平衡。所以有人說，這種人得到的也一定非常有限。什麼都想得到，只能是生活中的侏儒。要想獲得某種超常的發揮，就必須放棄許多東西。人生並不是只有現在，還有更長遠的未來，暫時的放棄是為了未來更好地獲得。

寵辱不驚，閒看花開花落

寵，即得意時之表相；辱，即失意時之代言。古今中外，無論是官場、商場抑或情場都彷彿是人生的劇場，應該將得意與失意、榮寵與羞辱看得一清二楚。

「寵辱不驚」這四個字來源於唐代的一則真實的故事：

一人名喚盧承慶，為考功員外郎，專司官吏考績，因其秉事公正，行事盡責，廣受讚譽。有一次，有個官員在任期內發生糧船翻沉事故，應受到懲罰，於是他為這個官員評定了個「中下」的評語，並通知了他。那位受到懲處的官員聽說後，沒有提出意見，也沒有任何疑懼的表情。盧員外郎繼而一想：「糧船翻沉不是他個人的責任，也不是他個人能力可以挽救的，評為『中下』可能不合適。」於是就改為「中中」等級，並且通知了他。那位官員依然沒有發表意見，既不說一句虛偽的感激的話，也沒有什麼激動的神色。盧員外郎見他這般，非常稱讚，脫口稱道：「好，寵辱不驚，難得難得！」於是又把他的考績改為「中上」等級。

為人處世能視寵辱如花開花落般的平常，才能「不驚」；視職位去留如雲卷雲舒般變幻，才能「無意」。對事對物，對功名利祿，失之不憂，得之不喜，正是人生之大境界。

現代社會在追求效率和速度的同時，使我們每個人的優雅在逐漸喪失。物欲在慢慢吞噬人的性靈和光彩，我們留給自己的內心空間被壓榨到最小，更不要談有多大的胸懷和眼界。我們開始患上種種千奇百怪的心理疾病，我們求醫問診，然後期待尋求心靈的平靜。其實生活大可不必費很多周折，保持一份淡泊，人生就多了一分幸福。

「寵辱不驚，閒看庭前花開花落；去留無意，漫隨天外雲卷雲舒。」只有做到了這種淡泊的心態，方能達觀進取，笑看風雲。寵辱不驚是一種修養、一種境界、一種充滿內涵的悠遠，能讓人們在生活中安之若素，幸福而從容。

寵辱不驚，笑看風雲，乃大境界。

小練習

世上有許多事情是難以預料的，成功常常與失敗相伴。人的一生，有如繁花錦簇，既有明亮耀眼之時，也有黯淡蕭條之日。人要有經受成功、戰勝失敗的精神防線。成功了要時時記住，世上的任何成功或榮譽都依賴周圍的其他因素，絕非你一個人的功勞。失敗了不要一蹶不振，只要奮鬥過了，就可以無愧地對自己說：「天空雖然沒留下我的痕跡，但我已飛過。」

拿得起放得下才是智者

人生中的許多失敗已經無法挽回，惋惜悔恨於事無補，與其在痛苦中掙扎浪費時間，還不如重新找一個目標，再一次奮發努力。

有一位少年背著一個沙鍋趕路，不小心繩子斷了，沙鍋掉到地上摔碎了。然而少年頭也不回地繼續向前走。路人喊住少年問：「你不知道你的沙鍋摔碎了嗎？」少年回答：「知道。」路人又問：「那為什麼不回頭看看？」少年說：「既然碎了，回頭有什麼用？」說完，他又繼續趕路。

故事中的少年是明智的，既然沙鍋都碎了，回頭看又有什麼用呢？人的一生，需要我們放下的東西很多。就如孟子說，魚與熊掌不可兼得，如果不是我們應該擁有的，就果斷拋棄吧。幾十年的人生旅途，有所得，亦會有所失，只有適時放下，才能擁有一份成熟，才會活得更加充實、坦然和輕鬆。

人們常說：「舉得起放得下的是舉重，舉得起放不下的叫負重。」為了前面的掌聲和鮮花，學會放棄吧。放棄之後，你會發現，原來你的人生之路也可以變得輕鬆和愉快。生活有時會逼迫你不得不交出權力，不得不放走機遇。然而，有時放棄並不意味著失去，反而可能因此獲得。想採一束清新的山花，就得放棄城市的舒適；想做一名登山者，就得放棄嬌嫩白淨的膚色；想穿越沙漠，就得放棄咖啡和可樂；想擁有簡單的生活，就得放棄眼前的虛榮；想在大海中收穫滿船魚蝦，就得放棄安全的港灣。

今天的放棄，是為了明天的得到。成功者不會計較一時的得失，他們都知道如何放棄。一個人倘若將一生的所得都背負在身，那麼縱使他有一副鋼筋鐵骨，也會被壓倒在地。昨天的輝煌不能代表今天，更不能代表明天。

我們應該學會放棄，放棄失戀帶來的痛楚，放棄屈辱留下的仇恨，放棄心中所有難言的負荷，放棄費精力的爭吵，放棄沒完沒了的解釋，放棄對權力的角逐，放棄對金錢的貪欲，放棄對虛名的爭奪……凡是次要的、枝節的、多餘的，該放棄的都應放棄。

放棄是一種格局，是我們發展的必由之路。漫漫人生路，只有學會放棄，才能輕裝前進，才能不斷有所收穫。

小練習

有的人之所以感覺活得很累，無精打采，未老先衰，就是因為習慣將一些事情裝在心裡放不下來，結果把自己折騰得既疲勞又蒼老。其實，簡單地說，讓人放不下的事情大多是在財、情、名這幾個方面。想透了，想開了，也就看淡了，自然就放得下了。

機遇是最佳的支點，讓你撐起全世界

機遇可以決定人生的榮辱沉浮。當今社會競爭日趨激烈，每個人都要學會面對風雲湧動的時代變化。在就業領域不斷拓展的社會條件下，能否掌握機遇往往成為一個團體或個人成敗的關鍵。

機遇對每個人都是公平的，但是機遇不會無緣無故地降臨。機遇只屬於有準備的人，缺乏準備者即使面對著機遇也往往是懵然無覺，最終與機遇擦肩而過。

比如臺灣知名導演李安，他在成為知名國際導演以前，在美國的家中隱居待業了六年，期間都由他的妻子林惠嘉在外擔任藥物研究員，來維持家中生計。除了妻子在背後的無聲支持，李安也順利遇上了人生的第一個機遇，那就是一九九〇臺灣新聞局所徵選的劇本，李安編寫了《推手》，終於獲得了臺灣一九九〇年的政府優秀創作獎，之後很快也由臺灣中央電影公司投資、紐約庫德瑪西恩公司製片開拍。

這部電影是李安的電影生涯中第一部長片，影片上映便廣受好評，甚至獲得當年臺灣金馬獎最佳導演獎提名，而這時的李安已經三十六歲了。

機遇是成敗的關鍵，也是一切其他因素產生效應的前提。如果沒有機遇，縱使你有才華也得不到展現抱負的機會和舞臺。成功者和失敗者的區別就在於能否抓住機遇，所謂君子適時而動，英雄應運而生。快跑的未必能贏，力戰的未必得勝，由此可見機遇何等重要。

小練習

成就一生的因素有很多，但是歸納起來不外乎實力和機遇。很多人把修練內功當成頭等大事，這本來不錯，但也有點「傻」，有時候在修煉內功的過程中，也會出現好的機遇，如果你一定要等到自己功夫到家的時候再出山，很可能已經換了天下了。其實很多人都是在「修行」的過程中抓住了機遇，才平步青雲的。能否抓住機遇是一個人平庸或者卓越的分水嶺。決定一個人成敗的不是才華，也不是性格，而是他是否有善於抓住機遇的能力。

抓住時間就會得到財富

魯迅曾經說過：「浪費自己的時間等於慢性自殺，浪費別人的時間等於謀財害命。」這足以說明珍惜時間的重要性。

時間對於每個人而言，是最公平的東西。不論富人或窮人、男人或女人、聰明的或不聰明的人，擺在他們面前的時間，每天都是二十四小時，總統和乞丐的生命都是同一單位。

但時間又是不公平的，在那些珍惜時間和浪費時間的人面前，它能讓前者每分鐘都活得充實滿足、意義非凡，而讓後者如行屍走肉、碌碌無為。

時間抓住後就像錢財，抓不住就像流水。我們若想贏得比別人高的評價，若想獲得比別人多的成就，若想開創比別人大的格局，必須學會有效利用時間，做時間的主人。

哲學家以及詩人歌德說：「我們都擁有足夠的時間，只是要善加利用。一個人如果不能有效利用有限的時間，就會被時間俘虜，成為時間的弱者。一旦在時間面前成為弱者，將永遠是一個弱者，因為放棄時間的人，同樣也會被時間放棄。」

我們不能花太多的時間在毫無價值的懊惱、後悔、等待中，而要時刻提醒自己，今天的我充分利用時間了嗎？下面是有效利用時間的方法，你做得如何？

一、既往不悔，即使做錯了也不後悔。經常悔恨以前所做過的事情，會浪費許多時間，所以從這個角度來看，任何懊悔都是毫無必要的。

二、充足的時間應該用在最重要的事情上面。這是節約時間的訣竅，如果常常在不重要的事情上糾纏，就難以達到節約時間的目的。

三、經常掌握一些新的節約時間的技巧，對這些新的節約時間的技巧應儘快熟知並加以利用。每天要早起，這樣堅持下去就可以節約許多時間。

四、午餐要適量。午餐不可吃得太多、太飽，否則到下午容易打瞌睡，工作效率會降低，而工作效率的降低本身就是浪費時間。

五、學會閱讀報紙上的重點，避免浪費時間。

六、掌握快速讀書的方法，以最短的時間獲得書中最主要的觀點。

七、不要花過多的時間在電視機上，只要看一看有關新聞和關於業務方面的節目即可。

八、把手錶或時鐘的步調調快五分鐘，每天提早開始工作。

九、在處理必須處理的小事情的同時，要把重要的工作、目標記在心中，並善於在處理這些小事情中發現能夠促成重要工作目標迅速實現的重要線索。

十、早上上班後的首件事，就是排列好當天工作的先後次序。按照排列的次序製成一張表，把重要的工作放在最前面，並儘快去完成。

十一、每月制訂計畫時要有彈性，最好在計畫中留出空餘時間，以便應付緊急情況。

十二、在完成重要工作專案以後，要進行適當的休息，以求得工作和休息的平衡。

十三、對難度較大的工作要智取，不要只想用蠻力做事。

十四、經常問問自己：「若做這些事情，會不會產生效果？」如果不會，就乾脆不做。

十五、一次最好只專心致力於一件事。

十六、自己感到馬上可以取得成功時，就要抓緊去做，不要耽誤。

十七、要養成檢查日常工作計畫表的習慣，看看是否有意跳過了困難的方案。

十八、擬定草稿或列計畫表時，不要怕浪費時間，一定要深思熟慮。

十九、在精力最佳的時間迅速投入工作。

二十、對自己的每一項工作都要確定完成的期限，要盡可能在期限內把它完成，絕不可超過期限。

二十一、各種常用或不常用的物品要各有定位，這樣可以避免在尋找時浪費太多時間。

二十二、珍惜時間就是珍惜生命，生命對於每個人都很重要，我們每個人都應好好地珍惜時間，創造自己的生命價值。

小練習

時間是公平的，但是同樣年紀的人為什麼所做出的貢獻就不一樣？那是因為不同的人對於時間有著不同的認識態度和做法。勤奮者抓緊時間，求知者利用時間，有志者珍惜時間，聰明者爭取時間，好學者擠出時間，上進者追求時間，忠誠者遵守時間，勤勞者創造時間。

和任情間醇薷倩傳到事是

電子書購買

國家圖書館出版品預行編目資料

學會自愛，人生無礙：72 個簡單的生活習慣×10 分鐘左右的閱讀時間，輕鬆成為你最羨慕的人生勝利組！/ 周成功，安旻廷著．-- 第一版．-- 臺北市：崧燁文化事業有限公司，2022.07

面；　公分

POD 版

ISBN 978-626-332-476-3(平裝)

1.CST: 修身

192.1　　111009484

學會自愛，人生無礙：72 個簡單的生活習慣×10 分鐘左右的閱讀時間，輕鬆成為你最羨慕的人生勝利組！

臉書

作　　者：周成功，安旻廷

發 行 人：黃振庭

出 版 者：崧燁文化事業有限公司

發 行 者：崧燁文化事業有限公司

E-mail：sonbookservice@gmail.com

粉 絲 頁：https://www.facebook.com/sonbookss/

網　　址：https://sonbook.net/

地　　址：台北市中正區重慶南路一段六十一號八樓 815 室

Rm. 815, 8F., No.61, Sec. 1, Chongqing S. Rd., Zhongzheng Dist., Taipei City 100, Taiwan

電　　話：(02) 2370-3310　　傳　　真：(02) 2388-1990

印　　刷：京峯彩色印刷有限公司（京峰數位）

律師顧問：廣華律師事務所 張珮琦律師

定　　價：280 元

發行日期：2022 年 07 月第一版

◎本書以 POD 印製